Bienvenue en français

Hiroyuki Tamura Nahoko Tamura

SANSHUSHA

音声ダウンロード＆ストリーミングサービス（無料）のご案内

http://www.sanshusha.co.jp/onsei/isbn/9784384220513/

本書の音声データは、上記アドレスよりダウンロードおよびストリーミング再生ができます。ぜひご利用ください。

はじめに

　2020年の東京オリンピックに向けて、世界各国から多くの外国人が日本を訪れることと思います。それぞれの言語でおもてなしできれば、訪れた人も喜ぶことでしょう。そして、せっかく外国語を勉強したのであれば、通訳やガイドをしてみたいと思う人も多いでしょう。本書はそれを疑似体験できるような内容になっています。

　本書は、基本的なフランス語の文法と会話表現を学ぶものです。会話文は、日本を訪れた Louis と Agnès を Nanako が案内する物語になっています。舞台は日本の美術館ですが、そこで学ぶ表現はそのシチュエーションに限定されたものではありません。初対面の人と知り合う、チケットを買う、荷物を預ける、カフェやレストランで注文するといったフランス旅行でも出会う状況や、自分の意見を言ったり事情を説明したりという円滑な人間関係を築くために必要な表現が含まれています。また、日本文化について語ったり、日仏文化の違いに気づかされる場面も含まれています。

　具体的な構成は以下の通りです。

　　Dialogue　　（会話）　　　　美術館を訪れた Nanako と Louis と Agnès の会話です。
　　Grammaire　（文法）　　　　基本的な初級文法を学びます。
　　Exercices　　（練習問題）　　文法事項の確認と復習をします。Aは基本的な問題、
　　　　　　　　　　　　　　　　　Bは発展問題です。
　Civilisation et expressions
　　　　　　　　　　（文化と表現）　フランス文化の紹介や応用表現を学びます。

　この教科書の特徴は「練習問題」と「文化と表現」にあります。
　学習時間の制約や到達目標に応じて、基本的な問題Aのみで終えることも、発展問題Bに進むことも選択できます。
　「文化と表現」は各自読み物として楽しむこともできますが、先生の解説を通して文化理解をより深めるきっかけにもなるでしょう。

　それでは、Nanako と一緒に、あなたの街の美術館を頭に描きながら、Louis と Agnès を案内しましょう。

　　著者

Table des matières

G Grammaire（文法）
CE Civilisation et expressions（文化と表現）

アルファベ 4
フランス語の発音 4

Leçon 1 *« Enchantée ! »* 7
　　G 名詞の性と数　　あいさつ　　数詞 1 〜 10
　　CE フランス人の名前について

Leçon 2 *Acheter les billets* 11
　　G 不定冠詞　　定冠詞　　être の直説法現在　　強勢形人称代名詞
　　CE 出会いたくないフランス語

Leçon 3 *« Nous sommes amies. »* 15
　　G 第一群規則動詞（-er 動詞）の直説法現在　　avoir の直説法現在
　　　　 疑問文　　指示形容詞
　　CE avoir を使った表現

Leçon 4 *Déposer un sac* 19
　　G 否定文　　部分冠詞　　否定の de (d')　　所有形容詞
　　CE いろいろな否定表現

Leçon 5 *« Entrons dans la salle ! »* 23
　　G 命令法　　形容詞
　　CE bon を使った慣用表現

Leçon 6 *Parler des œuvres* 27
　　G 疑問代名詞　　疑問副詞　　疑問形容詞　　de, à と定冠詞の縮約
　　CE 感想を言う

Leçon 7 *Prendre des photos* 31
　　G vouloir, pouvoir の直説法現在　　疑問代名詞
　　CE フランスの美術館

Leçon 8　*« Qu'est-ce qu'il représente ? »* *35*
　　　G 近接未来・近接過去　　補語人称代名詞
　　　CE 英語は通じる？

Leçon 9　*Dans la salle de repos* *39*
　　　G 代名動詞　　非人称表現 (1)
　　　CE いろいろな tout

Leçon 10　*« Un peu de silence, s'il vous plaît. »* *43*
　　　G 直説法複合過去　　非人称表現 (2)
　　　CE 過去分詞の一致

Leçon 11　*Sur la peinture européenne* *47*
　　　G 直説法半過去　　中性代名詞 en, y, le
　　　CE 印象派絵画

Leçon 12　*« Si on prenait un café ? »* *51*
　　　G 直説法単純未来　　条件法現在
　　　CE 料理の注文

APPENDICE *55*
　　　① 基本数詞　　② 日付・年号　　③ 季節　　④ パリの市立美術館
　　　⑤ 名詞の複数形　⑥ 形容詞の複数形　⑦ 形容詞の女性形
　　　⑧ 名詞の女性形　⑨ 第二群規則動詞（-ir 動詞）の直説法現在
　　　⑩ 指示代名詞 celui, celle, ceux, celles　　⑪ 主語代名詞 on
　　　⑫ 比較級　　⑬ 最上級　　⑭ 特殊な形の比較級・最上級

　　母音字の読み方
　　　① 単母音字　　② 複母音字　　③ 母音字＋ n, m など
　　子音字の読み方
　　　① 単語の最後にある子音字　　② 注意すべき子音字の読み方

単語帳 *66*
動詞活用表 *70*

アルファベ alphabet 🔊①

A	a	[ɑ]	B	b	[be]	C	c	[se]
D	d	[de]	E	e	[ə]	F	f	[ɛf]
G	g	[ʒe]	H	h	[aʃ]	I	i	[i]
J	j	[ʒi]	K	k	[kɑ]	L	l	[ɛl]
M	m	[ɛm]	N	n	[ɛn]	O	o	[o]
P	p	[pe]	Q	q	[ky]	R	r	[ɛːr]
S	s	[ɛs]	T	t	[te]	U	u	[y]
V	v	[ve]	W	w	[dublǝve]	X	x	[iks]
Y	y	[igrɛk]	Z	z	[zɛd]			

あなたの名前の綴りをフランス語で言ってみましょう。🔊②

　Je m'appelle Shiho, S, H, I, H, O.

フランス語の発音

① 口腔母音

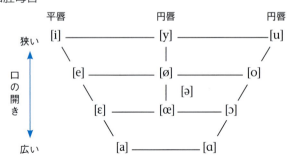

② 鼻母音　　[ɛ̃] [œ̃] [ɑ̃] [ɔ̃]

③ 半母音　　[j] ← [i]　　[ɥ] ← [y]　　[w] ← [u]

④ 子音　　[p] [t] [k] [f] [s] [ʃ]
　　　　　[b] [d] [g] [v] [z] [ʒ] [m] [n] [ɲ] [l] [r]

綴り字記号 3

é	´	アクサンテギュ	accent aigu
à, è, ù	`	アクサングラーヴ	accent grave
â, ê, î, ô, û	^	アクサンスィルコンフレックス	accent circonflexe
ë, ï, ü	¨	トレマ	tréma
ç	¸	セディーユ	cédille
	'	アポストロフ	apostrophe
	-	トレデュニオン	trait d'union

＊アクサン記号はアクセントとは無関係。
＊アクサン記号は大文字では省略できる。

Noël　クリスマス
garçon　男の子
Je t'aime.　君を愛してる。
après-midi　午後

●● **本書の登場人物** ●●

Agnès

Louis

Nanako

Leçon 1

« Enchantée ! »

Nanako : Bonjour. Monsieur Clément et Mademoiselle Leblanc ?

Agnès : Oui.

Nanako : Moi, c'est Nanako, une amie de Shiho. Enchantée.

Louis : Je m'appelle Louis. Enchanté.

Agnès : Je m'appelle Agnès. Enchantée.

Grammaire 1

① 名詞の性と数：フランス語の名詞には性・数の区別があります。 ⑤

男性名詞	garçon 男の子	étudiant 男子学生	hôtel ホテル	Japon 日本
女性名詞	fille 女の子	étudiante 女子学生	adresse アドレス	France フランス

複数形は原則として単数形に s をつけます。複数語尾の s は発音しません。

garçon → garçons　　fille → filles

注　x をつけるものもあります *：
cadeau プレゼント → cadeaux　　bijou アクセサリー → bijoux

* Appendice p.60

名詞には男性形に e をつけて女性形を作るものがあります。
その際、つづりの一部が変わるものや発音が変わるものがあるので注意しましょう **。

ami 男友達 → amie 女友達　　étudiant 男子学生 → étudiante 女子学生
chat 雄猫 → chatte 雌猫　　pâtissier ケーキ職人 (男) → pâtissière ケーキ職人 (女)

** Appendice p.60

② あいさつ ⑥

Bonjour,	Monsieur.	おはようございます。／こんにちは。	(男性に)
Bonsoir,	Madame.	こんばんは。	(既婚の女性に)
Au revoir,	Mademoiselle.	さようなら。	(未婚の女性に)

Enchanté(e) !　　はじめまして。(話者が男性／女性)
Salut !　　やぁ。／じゃあね。

Je m'appelle 〜. Et vous ?　　私の名前は〜です。で、あなたは？

– Comment allez-vous ?　　ごきげんいかがですか？
– Je vais bien, merci. Et vous ?　　とても元気です、ありがとうございます。で、あなたは？
– Ça va ?　　元気？
– Oui, ça va. Et toi ?　　うん、元気だよ。で、君は？

Merci (beaucoup).　　(どうも) ありがとう。
Je vous en prie.　　どういたしまして。
Excusez-moi.　　すみません。
Pardon.　　すみません。
S'il vous plaît.　　お願いします。
D'accord.　　わかりました。
Bienvenue !　　ようこそ。

③ 数詞 1 〜 10 ⑦

un/une　deux　trois　quatre　cinq　six　sept　huit　neuf　dix

・・・ Exercices 1 A ・・・

1 次の日本語に従って会話表現を作りましょう。

(1) ―こんにちは、Martin（男性）さん。
　　―こんにちは、Dupont（既婚女性）さん。

(2) ―はじめまして。僕の名前はトモヤです。で、あなたは？
　　―私の名前はユカです。はじめまして。

(3) （男性の先生に対して）こんにちは。

(4) （未婚の女性の先生に対して）こんばんは。

(5) ―お元気ですか？　―元気です。ありがとう。

(6) ―ありがとう。　―どういたしまして。

(7) さようなら。

(8) ―やぁ、Jean！　元気？
　　―うん、元気だよ。ありがとう。で、君は？
　　―元気だよ。じゃあね！

2 (1)〜(4)は男性形を女性形に、(5)〜(8)は女性形を男性形に、語形を変えましょう。

(1) étudiant

(2) japonais

(3) français

(4) employé

(5) amie

(6) chinoise

(7) américaine

(8) boulangère

3 （　）内の語を参考に、日本語に合うフランス語を作りましょう。

(1) 4匹の雄猫 (chat)　　(2) 1人の女の子 (fille)　　(3) 3人 (personne)

(4) 2人の男子学生 (étudiant)　　(5) 1人の男の子 (garçon)

■■■ Exercices 1 B ■■■

1 隣の人と以下の会話をしましょう。

(1) こんにちは。私の名前は～です（名前のつづりをアルファベで言いましょう）。はじめまして。

(2) ―お元気ですか？
　　―元気です。ありがとう。で、あなたは？
　　―元気です。ありがとう。

(3) ―やあ！　元気？
　　―元気だよ。ありがとう。で、君は？
　　―元気だよ。じゃあね！

(4) ―お願いします。…　どうもありがとう。
　　―どういたしまして。

Civilisation et expressions 1 　　フランス人の名前について

　フランス人の名 (prénom) は、以前はキリスト教の聖人の名から選ぶように定められていましたが、今では自由につけることができるようになりました。
　男性の名前に e をつけて女性の名前にすることもよくあります。たとえば、François は Françoise、Jean は Jeanne、Michel は Michelle、André は Andrée、Camille は e で終わっているので男女同形です。
　ちなみに、近年では、男の子は Nathan, Lucas, Léo、女の子は Emma, Lola, Chloé などが人気のようです。

Leçon 2

Acheter les billets

Nanako : Vous êtes étudiants ?

Louis : Moi, oui. Pourquoi ?

Nanako : C'est pour les billets.

Agnès : Ah bon ? Moi, je suis vendeuse.

Nanako : Bon, alors, deux étudiants et une adulte. Je vais* acheter les billets.

*vais < aller (活用表 3.)

Grammaire 2

1 不定冠詞：数えられる名詞につけて、「ひとつの」または「いくつかの」を表します。 (9)

	男性名詞	女性名詞
単数	**un** garçon 男の子	**une** fille 女の子
複数	**des** garçons	**des** filles

un / des + 母音（または無音の h）→ リエゾン
　　un‿étudiant 男子学生　　des‿hôtels ホテル

une + 母音（または無音の h）→ アンシェヌマン
　　une‿étudiante 女子学生　　une‿heure 時間　　注 un'héros [œ / ero] 英雄（有音の h）

2 定冠詞：すでに特定されているものにつけます。総称を表す場合もあります。 (10)

	男性名詞	女性名詞
単数	**le** garçon / **l'**étudiant	**la** fille / **l'**étudiante
複数	**les** garçons / **les**‿étudiants	**les** filles / **les**‿étudiantes

1) 限定　　　　　　　　Voilà un chat. ほら、猫だよ。 C'est le chat de Sophie. あれはソフィーの猫だよ。
2) 総称（〜というもの）J'aime la musique. 私は音楽が好きです。 J'aime les chats. 私は猫が好きです。

3 être の直説法* 現在：英語の be 動詞にあたり、「〜は…です、います」などの意味になります。 (11)

je	suis	nous	sommes
tu	es	vous	êtes
il	est	ils	sont
elle	est	elles	sont
(c'	est)	(ce	sont)

Je suis étudiant.　　　　私は男子学生です。
Tu es étudiante.　　　　君は女子学生です。
Il est à Paris.　　　　　彼はパリにいます。
Elle est à Tokyo.　　　　彼女は東京にいます。
C'est un ticket. / Ce sont des tickets.
　　　　　　　　　　　　それはチケットです。

＊直説法は、話者が事態を事実・現実と判断している場合に使う法です。

4 強勢形人称代名詞：動詞から独立して使うことの多い人称代名詞です。 (12)

je 私は	tu 君は	il 彼は	elle 彼女は	nous 私たちは	vous あなた(たち)は、君たちは	ils 彼らは	elles 彼女らは
moi	**toi**	**lui**	**elle**	**nous**	**vous**	**eux**	**elles**

1) 強調　　　　　　　**Moi**, je m'appelle Suzuki.　　　　　　　　私、私の名前は鈴木です。
2) 前置詞の後　　　　Pour **lui**, un jus de pommes, s'il vous plaît.　彼には、りんごジュースをお願いします。
3) 属詞として　　　　Qui est-ce ? C'est **toi** ?　　　　　　　　　誰ですか？ 君なの？
4) 接続詞 que の後で　Elle est plus grande que **lui**.　　　　　　 彼女は彼より背が高い。

Exercices 2 A

1 être を適切な直説法現在に変えましょう。

(1) Je (　　　) étudiant.　　(6) Vous (　　　) professeur ?
(2) Tu (　　　) étudiante ?　　(7) Ils (　　　) musiciens.
(3) Il (　　　) journaliste.　　(8) Elles (　　　) musiciennes.
(4) Elle (　　　) vendeuse.　　(9) C'(　　　) un chat.
(5) Nous (　　　) étudiants.　　(10) Ce (　　　) des chats.

2 例にならって、s'il vous plaît をつけて言いましょう。

例）切符 1 枚 (billet 男)　Un billet, s'il vous plaît.

(1) コーヒー 1 杯 (café 男)

(5) 紅茶 1 杯 (thé 男)

(2) タルトひとつ (tarte 女)

(6) メロン 1 個 (melon 男)

(3) チケット 1 枚 (ticket 男)

(7) キッシュ 1 個 (quiche 女)

(4) バゲット 1 本 (baguette 女)

(8) スプーン 1 本 (cuillère 女)

3 それぞれの例にならって言いましょう。

例）駅 (gare 女)
A : Voilà la gare. ほら、駅です。　　B : À la gare, s'il vous plaît. 駅までお願いします。

A　(1) カフェ (café 男)　　　　　　B　(1) 空港 (aéroport 男)
　　(2) 鍵 (clé 女)　　　　　　　　　　(2) パリ・オペラ座 (Opéra Garnier 男)
　　(3) 教会 (église 女)　　　　　　　　(3) エッフェル塔 (Tour Eiffel 女)
　　(4) タクシー (taxi 男 複数形で)　　(4) ヴァンドーム広場 (Place Vendôme 女)

4 (　　) 内の語を参考に、強勢形人称代名詞を入れましょう。

(1) – C'est (　　　) ?（君）　– Oui, c'est (　　　).（私）
(2) – C'est (　　　) ?（彼）　– Non, c'est (　　　).（彼女）
(3) C'est pour (　　　).（あなた）
(4) (　　　), nous sommes étudiants.（私たち）Et (　　　) ?（あなた方）

Exercices 2 B

1 être を適切な直説法現在に変えましょう。また、意味を確認しましょう。

(1) L'ascenseur (　　　　) en panne.
(2) Le train (　　　　) en retard.
(3) Où (　　　　) les toilettes ?
(4) Où (　　　　)-nous ?
(5) Où (　　　　) la station de métro ?

2 次の文の (　) に être を適切な直説法現在に変え、入れましょう。また、下線部には適切な不定冠詞、定冠詞を入れましょう。

(1) C'(　　　　) _____ vélo.
(2) Ce (　　　　) _____ vélos.
(3) Voilà _____ chien ! C'(　　　　) _____ chien de Jeanne.
(4) J'aime _____ cinéma.
(5) J'aime _____ chiens.

3 (　) 内の語を参考に、強勢形人称代名詞を入れましょう。

(1) – C'est à qui ? – C'est à (　　　　).（彼女の）
(2) – C'est à Julie ? – Non, c'est à (　　　　).（彼）
(3) – C'est un cadeau pour (　　　　).（あなた）
　　– Pour (　　　　) ? Merci !（私）
(4) (　　　　), ils sont professeurs.（彼ら）
　　Et, (　　　　), elles sont étudiantes.（彼女ら）

Civilisation et expressions 2　出会いたくないフランス語

　フランスでは壊れている自動販売機に張り紙がされていることが時々あります。そこによく書いてある言葉が "En panne"（故障中）です。同じ意味で "Hors service (H.S.)" も見かけます。出会わない方がいいですが、覚えておくといいかもしれませんね。
　その他、「混乱、変動」を表す perturbation は交通ダイヤの乱れや、天気予報では大気の乱れを意味します。また grève は「スト」。出会いたくないのですが、フランスでは観光名所もストのため閉まることがあります。

Leçon 3

« Nous sommes amies. »

Louis : Où habitez-vous ?

Nanako : J'habite près d'ici.

Agnès : Shiho et nous, nous habitons dans le même appartement.
J'ai une photo. Voilà.

Nanako : Ah, c'est sympa !
Shiho et moi, nous sommes amies depuis dix ans.

Louis : Vous parlez très bien français.

Grammaire 3

① 第一群規則動詞 (-er 動詞) の直説法現在：語尾 -er が規則的に変化します。⑭

parler 話す

je	parl**e**	nous	parl**ons**
tu	parl**es**	vous	parl**ez**
il	parl**e**	ils	parl**ent**
elle	parl**e**	elles	parl**ent**

habiter 住む

j'	habit**e**	nous	habit**ons**
tu	habit**es**	vous	habit**ez**
il	habit**e**	ils	habit**ent**
elle	habit**e**	elles	habit**ent**

Je parle français.　私はフランス語を話す。　　J'habite à Kobe.　私は神戸に住んでいる。
Elle parle japonais.　彼女は日本語を話す。　　Il habite à Paris.　彼はパリに住んでいる。

② avoir の直説法現在：「～を持つ」の意味ですが、他の意味でも広く使われる動詞です。⑮

j'	**ai**	nous	**avons**
tu	**as**	vous	**avez**
il	**a**	ils	**ont**
elle	**a**	elles	**ont**

J'ai un stylo.　私はペンを持っています。
Tu as un sac.　君はバッグを持っています。
Il a sommeil.　彼は眠い。
Elle a raison.　彼女は正しい。

※ **Il y a** ～がある　　Il y a un ordinateur.　コンピューターがあります。

③ 疑問文：以下の三種類があり、(1) → (3) の順に改まった言い方になります。⑯

Vous aimez les chiens.　あなたは犬が好きです。　　Il aime les chats.　彼は猫が好きです。

(1) イントネーションのみ：
　　　Vous aimez les chiens ?　　　　　　(1') Il aime les chats ?
(2) 文頭に Est-ce que：
　　　Est-ce que vous aimez les chiens ?　(2') Est-ce qu'il aime les chats ?
(3) 主語と動詞を倒置：
　　　Aimez-vous les chiens ?　　　　　　(3') Aime-t-il les chats ?
　　　　　　　　　　　　　　　　　　　　cf.) Louis aime-t-il les chats ?

④ 指示形容詞：「この、その、あの / これらの、それらの、あれらの」の意味です。⑰

男性・単数	女性・単数	男・女・複数
ce (cet)	cette	ces

母音または無音の h で始まる男性単数名詞の前では cet を用います。
　　ce ＋ étudiant → cet étudiant　　ce ＋ hôtel → cet hôtel
　　　cf.) ce héros (有音の h)

-ci, -là をつけて、遠近を区別します。
　　ce garçon-ci　この男の子　　ce garçon-là　あの男の子

Exercices 3 A

1 ( ) 内の動詞を適当な直説法現在に変えましょう。

(1) J'(habiter) à Kanazawa.
(2) Tu (habiter) où ?
(3) Il (parler) anglais.
(4) Elle (parler) français.
(5) Nous (étudier) l'anglais.
(6) Vous (étudier) le français ?
(7) Ils (rester) une semaine à Tokyo.
(8) Elles (aimer) la musique.

2 ( ) の中に avoir を適当な形に変えて入れましょう。

(1) – Tu (   ) une sœur ?
    – Non, j'(   ) un frère.
(2) – Lui, il (   ) un fils.
    – Elle, elle (   ) une fille.
(3) – Vous (   ) des oncles ?
    – Non, nous (   ) des tantes.
(4) Ils (   ) des cousins.
(5) Il y (   ) un musée dans notre ville.

3 次の疑問文を a) Est-ce que (qu') をつけたタイプ、b) 倒置タイプの疑問文にそれぞれ変えましょう。

(1) Tu parles anglais ?
(2) Il habite en France ?
(3) Vous aimez la lecture ?
(4) Vous acceptez les cartes de crédit ?

4 ( ) の中に適当な指示形容詞を入れましょう。

(1) Nous séjournons dans (   ) hôtel.
(2) À (   ) soir !
(3) (   ) fille-là, c'est Isabelle.
(4) (   ) cartes postales, s'il vous plaît.

Exercices 3 B

1 下線部の動詞を適切な直説法現在に変えましょう。また、(　　)の中の語を選んで好きなもの、好きなことを言いましょう。

(1) Qu'est-ce que vous <u>aimer</u>＿＿＿＿＿ ?

(2) J'<u>aimer</u>＿＿＿＿＿ le (cinéma / sport / football / chocolat / café / thé).

(3) Tu <u>aimer</u>＿＿＿＿＿ la (musique / lecture / peinture / natation / cuisine) ?

(4) Nous <u>aimer</u>＿＿＿＿＿ les (chats / chiens / fleurs / films français).

(5) Ils <u>aimer</u>＿＿＿＿＿ (chanter / nager / regarder la télé / jouer de la guitare)

2 下線部の動詞を適切な形に変え、(　　)の中の語をつけて練習しましょう。また、異なったタイプの疑問文に変えましょう。

(1) Vous <u>parler</u>＿＿＿＿＿ (japonais / français / anglais / chinois / coréen) ?

(2) Il <u>marcher</u>＿＿＿＿＿ (vite / lentement) ?

(3) Elle <u>étudier</u>＿＿＿＿＿ (la littérature / l'économie / l'histoire) ?

Civilisation et expressions 3 — avoir を使った表現

avoir は「持つ」という意味以外でもたくさんの重要な表現を作ります。

avoir			
	faim	空腹である	J'ai faim.	私は空腹である。
	soif	のどが渇いている	Tu as soif ?	君はのどが渇いている？
	sommeil	眠い	Il a sommeil.	彼は眠い。
	chaud	暑い	J'ai chaud.	私は暑い。
	froid	寒い	Vous avez froid ?	あなたは寒いですか？
	peur de ~	が怖い	Elle a peur des chiens.	彼女は犬がこわい。
	mal à ~	が痛い	J'ai mal à la tête.	私は頭が痛い。
	raison	正しい	Ils ont raison.	彼らは正しい。
	tort	間違っている	Elles ont tort.	彼女らは間違っている。
	besoin de ~	必要とする	J'ai besoin de vous.	私はあなたが必要だ。
	l'air ~	のようである	Tu as l'air fatigué.	君は疲れているようだ。

また、フランス語では年齢を表す場合、動詞は avoir を用います。

－ Quel âge avez-vous ?　　何歳ですか？

－ J'ai vingt ans.　　20歳です。

Leçon 4

Déposer un sac

Nanako : Monsieur, votre sac à dos est un peu trop gros.

Il y a des consignes automatiques là-bas.

Louis : Merci. Agnès, tu as de la monnaie ?

Agnès : Non, je n'ai pas de monnaie.

Nanako : Voilà, Monsieur.

Nous récupérons la pièce après.

C'est gratuit.

Louis : Ah, c'est bien, ça.

Grammaire 4

❶ 否定文：動詞を ne(n') と pas ではさみます。 **(20)**

  Je suis étudiant.   Elle habite à Paris.
→ Je **ne** suis **pas** étudiant. → Elle **n'**habite **pas** à Paris.
  私は学生ではありません。 彼女はパリに住んでいません。

❷ 部分冠詞：不定の数えられない名詞について、その若干量を表す冠詞です。 **(21)**

男性	**du** (de l')	**du** vin ワイン	**du** courage 勇気	**de l'**argent お金
女性	**de la** (de l')	**de la** bière ビール	**de la** chance 運	**de l'**eau 水

 Je prends **du** café. 私はコーヒーを飲みます。
 Vous avez **de la** chance. あなたは運がいい。
  cf.) J'aime **le** café. 私はコーヒーが好きです。

❸ 否定の de(d')：直接目的補語につく不定冠詞・部分冠詞は否定文中で de(d') になります。 **(22)**

 Il a une voiture. → Il n'a pas **de** voiture. 彼は車を持っています。→ 持っていません。
 Il y a une voiture. → Il n'y a pas **de** voiture. 車があります。 → ありません。
 Je prends du vin. → Je ne prends pas **de** vin. 私はワインを飲みます。→ 飲みません。

  cf.) 否定文中でも定冠詞や属詞につく冠詞は de になりません。
   Je n'aime pas le vin. 私はワインが好きではありません。
   Ce n'est pas une voiture. それは車ではありません。

❹ 所有形容詞：「私の、君の〜」などの所有を表す意味で、名詞の前に置かれます。 **(23)**

男性・単数	女性・単数	複数（男・女）	
mon	ma (mon)	mes	私の
ton	ta (ton)	tes	君の
son	sa (son)	ses	彼の／彼女の／それの
notre		nos	私たちの
votre		vos	あなたの／君たちの／あなたたちの
leur		leurs	彼らの／彼女らの／それらの

所有形容詞は所有される対象の性と数によって変化します。
son père 彼（彼女）の父：père「父」が男性・単数であることに合わせます。
ma, ta, sa は母音（または無音の h）の前では mon, ton, son になります。

  ma + école（学校 [女]）→ mon‿école

Exercices 4 A

1 否定文にしましょう。

(1) C'est un chat.

(2) J'aime le café.

(3) Vous parlez japonais.

(4) Il est journaliste.

(5) Nous travaillons ici.

2 (　) の中に適切な部分冠詞または否定の **de** を入れましょう。

(1) – Il a une voiture ?　– Non, il n'a pas (　　　) voiture.

(2) – Vous avez des cours aujourd'hui ?
　　– Non, nous n'avons pas (　　　) cours.

(3) – Vous avez (　　　) monnaie ?
　　– Non, je n'ai pas (　　　) monnaie.

(4) – Il n'y a pas (　　　) eau dans la carafe.

(5) – Il y a encore (　　　) thé dans la théière ?

3 (　) 内の語にしたがって、適切な所有形容詞を入れましょう。

(1) C'est (あなたの) portable ?　– Oui, c'est (私の) portable.

(2) Ce sont (あなたの) bagages ?

(3) Où est (私の) montre ?

(4) Où est (彼の) sac ?

(5) C'est (彼女の) frère.

(6) C'est (彼の) sœur.

Exercices 4 B

1 次の文を否定文に変えましょう。

(1) C'est bien.

(2) J'aime l'été.

(3) Nous sommes étudiants.

(4) Il prend du vin.

(5) Aimez-vous le café ?

(6) Le distributeur marche bien.

2 avoir を適切な直説法現在にし、（　）の中に部分冠詞または否定の **de** を入れましょう。

(1) Vous avor_____ (　　　) chance !

(2) Il avor_____ (　　　) courage.

(3) – Il y avor_____ (　　　) eau ?
　　– Non, il n'y a plus (　　　) eau.

(4) – Vous avez (　　　) monnaie ?
　　– Non, je n'ai pas (　　　) monnaie.

(5) – Tu prends (　　　) thé ?
　　– Non, je prends (　　　) glace.

Civilisation et expressions 4　　いろいろな否定表現

否定文の基本形は ne ～ pas で動詞をはさむ形ですが、他にもいくつかのバリエーションがあります。

ne ～ plus	もう～ない	Il n'y a plus de vin.	もうワインがない。
ne ～ pas encore	まだ～ない	Il ne marche pas encore.	彼はまだ歩かない。
ne ～ que ...	…しか～ない	Nous n'avons qu'une fille.	私たちには娘が1人しかいない。
ne ～ jamais	決して～ない	Je ne bois jamais de café.	私は決してコーヒーは飲まない。
ne ～ rien	何も～しない	Il ne mange rien.	彼は何も食べない。
ne ～ personne	誰も～ない	Il n'y a personne dans la salle.	部屋には誰もいない。

Leçon 5

« Entrons dans la salle ! »

Nanako : Bon, entrons dans la salle !

C'est la salle d'art japonais.

Il y a d'abord les peintures japonaises.

Agnès : D'accord. C'est intéressant.

Louis : Agnès apprend* la peinture.

Agnès : Oui. Je fais de la peinture à l'huile.

Louis : Moi, je ne suis pas doué.

Mais j'aime regarder des œuvres d'art.

*apprend < apprendre (活用表 37.)

Grammaire 5

❶ 命令法：相手の人称に合わせた動詞の活用形を、主語をつけない形で使います。 (26)

prendre 取る、乗る、食べる、飲む

tu	prends	→ Prends le bus ! バスに乗れ！		Ne prends pas le bus ! バスに乗るな！
nous	prenons	→ Prenons le bus ! バスに乗ろう！		Ne prenons pas le bus ! バスに乗らないでおこう！
vous	prenez	→ Prenez le bus ! バスに乗ってください！		Ne prenez pas le bus ! バスに乗らないでください！

注 -er 動詞、aller は tu の活用語尾 s が落ちます。

regarder 見る

tu	regardes	→ Regarde le plan !	地図を見ろ！
nous	regardons	→ Regardons le plan !	地図を見ましょう！
vous	regardez	→ Regardez le plan !	地図を見てください！

aller 行く

tu	vas	→ Va à l'école !	学校に行け！
nous	allons	→ Allons à l'école !	学校に行きましょう！
vous	allez	→ Allez à l'école !	学校に行ってください！

❷ 形容詞：形容詞、その関係する名詞や代名詞の性・数に従って変化します。 (27)

男性・単数 **vert**	C'est un sac vert. これは緑のかばんです。	/	Il est vert. それは緑です。
女性・単数 **verte**	C'est une valise verte. これは緑のスーツケースです。	/	Elle est verte. それは緑です。
男性・複数 **verts**	Ce sont des sacs verts. これらは緑のかばんです。	/	Ils sont verts. それらは緑です。
女性・複数 **vertes**	Ce sont des valises vertes. これらは緑のスーツケースです。	/	Elles sont vertes. それらは緑です。

形容詞が名詞につく場合は、一般に名詞の後に置きます。
ただし petit（小さい）, grand（大きい）, bon（よい）, mauvais（悪い）, jeune（若い）, vieux（古い）, beau（美しい）, joli（きれいな）などの日常よく使う短い形容詞は名詞の前に置きます。

un petit sac ひとつの小さいかばん　　cf.) un sac vert ひとつの緑のかばん

注 名詞の前に形容詞がつく場合、不定冠詞 des は de になります。

de jolies fleurs きれいな花　　cf.) des fleurs rouges 赤い花

Exercices 5 A

1 ( ) 内の人称に従って、命令法の文を作りましょう。

(1) aller au musée (nous)
(2) prendre le bus (nous)
(3) acheter les tickets (vous)
(4) regarder le plan (tu)
(5) déposer votre sac à dos (vous)
(6) montrer votre carte d'étudiant (vous)
(7) entrer dans la salle (nous)
(8) ne pas toucher aux œuvres (vous)

2 下線部に適切な形に直した語を入れましょう。

例) (valise / vert) → C'est une ___valise___ ___verte___.
(1) (histoire / intéressant) → C'est une _____ _____.
(2) (cadeau / petit) → C'est un _____ _____.
(3) (joli / fleur) → Ce sont de _____ _____.
(4) (voiture / rouge) → C'est une _____ _____.
(5) (plat / italien) → C'est un _____ _____.
(6) (cuisine / français) → J'aime la _____ _____.
(7) (soupe / japonais) → Vous aimez la _____ _____?

Exercices 5 B

1 動詞活用表を参考にして（　）内の人称の命令法の文を作りましょう。また訳しましょう。

(1) écrire l'adresse (vous)

(2) être sage (tu)

(3) ne pas avoir peur (vous)

(4) prendre des photos (nous)

(5) parler français (nous)

2 次の日本語をフランス語に変えましょう。

(1) あなたは中華料理が好きですか？

(2) 彼女はイタリア料理を習っています。

(3) 私は邦画が好きです。

(4) あなたはアメリカ映画が好きですか？

Civilisation et expressions 5　　bon を使った慣用表現

　形容詞 bon (bonne, bons, bonnes) は、一般に「よい」と訳されますが、いろいろな使い方をします。たとえば C'est bon. は「おいしい」という意味です。

　また、bon のあとにさまざまな単語をつけて、「よい～を！」「楽しい～を！」という意味になり、次のように広く応用できます。

　　– Bonne journée !　楽しい一日を！　– Merci. À vous aussi.　ありがとう。あなたも。
　　– Bonne soirée !　楽しい晩を！　– Merci. À toi aussi.　ありがとう。君も。

これらは、人と別れるときによく使う表現です。また、

　　Bonne nuit !　おやすみなさい。

も基本的な表現です。

　　Bon anniversaire !　お誕生日おめでとう！　　Bonne année !　新年おめでとう！

は、カードに書くのにもいいですね。

そのほかにもコミュニケーションを図るのに有効ないろいろな表現があります。

　　Bon voyage !　　楽しい旅行を！　　　Bon appétit !　　たくさん召しあがれ！
　　Bon séjour !　　楽しい滞在を！　　　Bonnes vacances !　楽しいヴァカンスを！
　　Bon week-end !　楽しい週末を！

Leçon 6

Parler des œuvres

Agnès : Qu'est-ce que c'est, cet arbre, dans ce tableau ?

Nanako : C'est un cerisier.

Agnès : Il est en fleurs ! Que c'est beau !

…

Louis, comment trouves-tu ce tableau ? Les montagnes sont bleues sous la lune.

Louis : Oui. Il est magnifique !

Agnès : Quel est le titre de ce tableau ?

Nanako : « L'hiver au village ».

…

Agnès : Qu'est-ce qu'elle fait, cette personne dans ce tableau ?

Nanako : Elle fait du thé.

Agnès : Ah, c'est la cérémonie du thé.

Grammaire 6

① 疑問代名詞：「誰？」「何？」の意味の疑問詞です。 30🔊

	人	物・事
主語	**Qui** (est-ce qui) chante ? 誰が歌っているのですか？	**Qu'est-ce qui** est important ? 何が大切なのですか？
直接目的補語	**Qui** cherchez-vous ? **Qui** est-ce que vous cherchez ? あなたは誰を探しているのですか？	**Que** cherchez-vous ? **Qu'est-ce que** vous cherchez ? 何を探しているのですか？
属詞	**Qui** est-ce ?　誰ですか？	**Qu'est-ce que** c'est ?　何ですか？
前置詞 ＋	À **qui** pensez-vous ? 誰のことを考えているのですか？	À **quoi** pensez-vous ? 何のことを考えているのですか？

quoi は目的語として会話体で用いられます。　　Tu cherches quoi ?　何を探しているの？
que は感嘆文を作る場合にも用いられます。　　Que c'est beau !　何てきれいなの！

② 疑問副詞：「いつ」「どこ」「どんなふうに」「なぜ」「いくつ／いくら」などの意味の疑問詞です。 31🔊

– **Quand** partez-vous ? – Je pars demain.　　いつ出発しますか？　　―明日出発します。
– **Où** travaillez-vous ?　– Je travaille à Osaka.　どこで働いていますか？　―大阪で働いています。
– **Comment** venez-vous ? – Je viens en métro. どうやって来ていますか？―地下鉄で来ています。
– **Pourquoi** allez-vous en France ?　– Parce que j'aime la France.
　　なぜフランスに行くのですか？　　　―フランスが好きだからです。
– C'est **combien** ?　　– C'est 10 euros.　　それはいくらですか？　　―10ユーロです。

③ 疑問形容詞：「どんな〜、なんの〜」の意味の疑問詞です。 32🔊

男性・単数	女性・単数	男性・複数	女性・複数
quel	quelle	quels	quelles

Quel âge avez-vous ?　何歳ですか？　　Quelles sont ces fleurs ? それらの花は何ですか？
感嘆文を作る場合にも用いられる。　　Quelle chaleur !　なんて暑さだ！

④ de, à と定冠詞の縮約 33🔊

de + le	→ du	la capitale du Japon	日本の首都
de l'	→ 不変	la capitale de l'Italie	イタリアの首都
de la	→ 不変	le théâtre de la ville	街の劇場
de + les	→ des	le théâtre des Champs-Elysées	シャンゼリゼの劇場

à + le	→ au	un café au lait	カフェオレ
à l'	→ 不変	un sorbet à l'orange	オレンジシャーベット
à la	→ 不変	un chou à la crème	シュークリーム
à + les	→ aux	une tarte aux fraises	イチゴタルト

Exercices 6 A

1 (　　)の中に適切な疑問詞を入れましょう。
(1) – (　　　　　) est-ce ?　– C'est ma mère.
(2) – (　　　　　) vous prenez ?　– Je prends une bière.
(3) – (　　　　　) cherchez-vous ?　– Je cherche ma clé.
(4) – Tu vas au cinéma avec (　　　　　) ?　– Avec ma mère.
(5) Il cherche (　　　　　) ?　– Il cherche son portable.
(6) – (　　　　　) habites-tu ?　– J'habite à Sapporo.
(7) – (　　　　　) venez-vous à l'université ?　– Je viens à pied.
(8) – (　　　　　) allez-vous si souvent en France ?
　　– Parce que j'ai une sœur là-bas.
(9) – Ça coûte (　　　　　) ?　– C'est 10 euros.

2 (　　)内の前置詞と定冠詞を、必要に応じて形を変えて、注文しましょう。
(1) Un gâteau (à + le) chocolat, s'il vous plaît.
(2) Une glace (à + la) vanille, s'il vous plaît.
(3) Un canard (à + la) orange, s'il vous plaît.
(4) Un chausson (à + les) pommes, s'il vous plaît.

3 (　　)内の前置詞と定冠詞を、必要に応じて形を変えて、訳しましょう。
(1) Tu as l'adresse (de + le) hôtel ?
(2) Elle habite près (de + la) gare.
(3) Il est (de + le) Japon.
(4) C'est l'appartement (de + les) Dupont.

Exercices 6 B

1 (　　) の中に適切な疑問詞を入れましょう。

(1) – (　　　　　) aimez-vous visiter les musées ?
　　– Parce que j'apprends la peinture depuis mon enfance.
(2) (　　　　　) cela coûte-t-il ?
(3) C'est (　　　　　), ça ?
(4) (　　　　　) cela signifie ?
(5) – C'est (　　　　　) ?
　　– C'est moi, Agnès.
(6) (　　　　　) il y a dedans ?

2 (　　) 内の前置詞と冠詞を適切な形に変えましょう。

(1) L'exposition est (de + le) 7 juin (à + le) 10 juillet.
(2) Il va (à + les) Etats-Unis.
(3) Elle habite (à + le) Japon.
(4) Vous aimez les choux (à + la) crème ?
(5) C'est le plan (de + la) ville.
(6) C'est la directrice (de + la) école.

Civilisation et expressions 6

感想を言う

何かを見たり聞いたりしたとき、相手に感想を伝えることが出来ると、コミュニケーションが一段と円滑になります。難しい言い方ではなくても以下の表現で十分です。

C'est bon !	おいしい！	C'est bien !	それはいい！
C'est intéressant !	それは興味深い！	C'est amusant !	それはおもしろい！
C'est joli !	きれい！	C'est beau !	美しい！／立派だ！
C'est magnifique !	素晴らしい！		
C'est sympa !	いい感じだね！／楽しいね！／親切にありがとう！		

Leçon 7

Prendre des photos

Nanako : Agnès ! Vous prenez des photos des œuvres ?

Agnès : Oui. Pourquoi ?

Nanako : Malheureusement, c'est interdit. On ne peut pas prendre de photos dans le musée.

Louis : C'est dommage, Agnès !

Nanako : Vous pouvez acheter des cartes postales des œuvres à la boutique du musée, si vous voulez.

Agnès : D'accord ! Merci.

Louis : Lequel de ces tableaux préfères-tu ?

Agnès : Celui-ci*. Je l'**adore.

* Appendice p.61
** → L.8

Grammaire 7

1 **vouloir, pouvoir の直説法現在**：広く使われるこれら二つの動詞は活用が似ています。 (36)

vouloir ほしい、～したい			
je	veux	nous	voulons
tu	veux	vous	voulez
il	veut	ils	veulent
elle	veut	elles	veulent

pouvoir ～できる			
je	peux	nous	pouvons
tu	peux	vous	pouvez
il	peut	ils	peuvent
elle	peut	elles	peuvent

※依頼の表現：Voulez-vous ～ ? / Pouvez-vous ～ ?　～してくれませんか？

Voulez-vous　| répéter ?　　　　　　　　　　繰り返してくれませんか？
Pouvez-vous　| parler plus lentement ?　　　もっとゆっくり話してくれませんか？
　　　　　　　　 | épeler votre nom ?　　　　　あなたの名前の綴りを言ってくれませんか？

※許可を求める表現：Est-ce que je peux ～ ? / On peut ～ ?　～できますか？

Est-ce que je peux avoir | de l'eau ?　　　　お水をいただけますか？
　　　　　　　　　　　　　　| un dépliant ?　　パンフレットをいただけますか？

Est-ce que je peux | poser mon sac ici ?　　ここにバッグを置いていいですか？
　　　　　　　　　　　 | essayer ce pull ?　　　このセーターを試着できますか？

On peut | entrer ?　　　　　　　　　　　入っていいですか？
　　　　　　| fumer ?　　　　　　　　　　　タバコを吸ってもいいですか？
　　　　　　| prendre des photos ?　　　　　写真を撮ってもいいですか？
　　　　　　| payer par carte de crédit ?　クレジットカードで支払えますか？

2 **疑問代名詞**：「どれ」「どちら」の意味の疑問代名詞です。 (37)

男性・単数	女性・単数	男性・複数	女性・複数
lequel	laquelle	lesquels	lesquelles

Lequel préférez-vous, ce sac-ci ou ce sac-là ?
このバッグとあのバッグではどちらが好きですか？

Laquelle de ces peintures préférez-vous ?
これらの絵のうちでどれが好きですか？

Exercices 7 A

1 下記の語群から適切な語句を選び、**Voulez-vous** 〜 ?, **Pouvez-vous** 〜 ? の後につけて言いましょう。

(1) 私のスーツケースを預かってくれませんか？
(2) 少し待ってくれませんか？
(3) うちに来てくれませんか？
(4) タクシーを呼んでくれませんか？
(5) 窓を開けてくれませんか？

  appeler un taxi   garder ma valise   ouvrir la fenêtre

  attendre une minute   venir chez nous

2 （　）の中に **vouloir** または **pouvoir** を適切な形に変えて入れましょう。

(1) Est-ce que je (　　　　) essayer cette veste ?
(2) – Est-ce que tu (　　　　) du café ?
  – Oui, je (　　　　) bien. Merci.
(3) On (　　　　) fumer ici ?
(4) Est-ce que vous (　　　　) dîner ce soir chez nous ?
(5) Vous (　　　　) prendre des photos.
(6) Vous (　　　　) changer de siège, si vous (　　　　).

3 （　）の中に適切な疑問代名詞を入れましょう。

(1) (　　　　) préférez-vous, celui-ci ou celui-là ?
(2) (　　　　) de ces valises est à vous ?
(3) De ces livres, (　　　　) sont à lui ?
(4) (　　　　) de ces lunettes préférez-vous ?
(5) (　　　　) de ces gants préfères-tu ?

Exercices 7 B

1 下記の語群から適切な語句を選び、Voulez-vous ～ ?, Pouvez-vous ～ ? の後につけて言いましょう。

| changer | débarrasser | écrire | garder | nettoyer |
| l'adresse | la chambre | la serviette | la table | mon sac à dos |

(1) 部屋を掃除してくれませんか？
(2) 住所を書いてくれませんか？
(3) タオルを取り換えてくれませんか？
(4) テーブルの上を片づけてくれませんか？
(5) 私のリュックを預かってくれませんか？

2 次の日本語をフランス語に変えましょう。

(1) お水をいただけますか？
(2) この靴をはいてみてもいいですか？
(3) フランス語のパンフレットをいただけますか？
(4) 窓を閉めて (fermer) もいいですか？
(5) 席を倒して (incliner) もいいですか？

Civilisation et expressions 7 　フランスの美術館

　フランスの美術館を訪れていると、日本と違う光景に出会うことがあります。
　多くの美術館では、フラッシュなしならば作品の写真を撮ることが許されています。日本では作品保護や著作権の関係などから禁止されている場合が多いですね。
　また、フランスでは小さな子供たちのグループによく出会います。幼稚園や小学校の行事で訪れている子供たちが、学芸員の説明を聞いたり、質問したりする姿は微笑ましいものです。
　それから、作品の模写をする人たちを見かけることがあります。許可を受ければ、美術館内に画架を立てて模写が出来るのです。画学生たちだけでなく、一般の人も多いようです。
　ちなみにパリにある 14 の市立美術館は入館無料です (http://www.paris.fr/musees, p.58 参照)。その他の美術館にも夜間や曜日別割引などの制度もあるので、調べて利用しましょう。

Leçon 8

« Qu'est-ce qu'il représente ? »

Agnès : Louis, regarde ! Que c'est beau !

Louis : Oui, tout à fait.

Nanako : Ce tableau vient* d'arriver dans ce musée.

Agnès : J'aime cette forme rectangulaire.

Nanako : C'est un « Kakejiku ». Il y a une légende en anglais.

Agnès : Qu'en anglais ? Louis, tu comprends** ?

Louis : Oui. Je vais la traduire. « Kakejiku désigne une peinture ou une calligraphie sur soie ou sur papier en rouleau, destinée à être accrochée au mur... »

Nanako : On le roule pour le ranger.

Agnès : C'est vraiment pratique !

…

Louis : Nanako, la surveillante de la salle nous dit*** quelque chose.

Nanako : Ah bon ? Qu'est-ce qu'elle veut ?

* vient < venir (活用表 47.)
** comprends < comprendre (活用表 37.)
*** dit < dire (活用表 15.)

Grammaire 8

❶ 近接未来・近接過去：aller と venir de に動詞の原形を接続し、近い未来、近い過去を表します。 (39)

    近接未来：aller + 不定形   Je **vais** sortir ce soir.   私は今夜出かけます。

    近接過去：venir de + 不定形   Il **vient de** sortir.   彼は出かけたところだ。

❷ 補語人称代名詞：目的補語をうける代名詞です。動詞の前に置きます。 (40)

	je	tu	il	elle	nous	vous	ils/elles
直接目的補語	me (m')	te (t')	le (l')	la (l')	nous	vous	les
間接目的補語			lui	lui			leur

    主語　+　(ne)　+　補語人称代名詞　+　動詞　+　(pas)

    Vous montrez **cette photo** à Jean.   あなたはその写真をジャンに見せます。
→ Vous (ne) **la** montrez (pas) à Jean.   あなたはそれをジャンに見せます（見せません）。
→ Ne **la** montrez pas à Jean.   それをジャンに見せないでください。

    Vous montrez cette photo **à Jean**.   あなたはその写真をジャンに見せます。
→ Vous (ne) **lui** montrez (pas) cette photo.   あなたはその写真を彼に見せます（見せません）。
→ Ne **lui** montrez pas cette photo.   その写真を彼に見せないでください。

補語人称代名詞は関係する動詞の直前に置きます。
    cf.) Je viens de lui montrer cette photo.   私はその写真を彼（彼女）に見せたところです。
         Il va la montrer à Jean.   彼はそれをジャンに見せるでしょう。

肯定命令文に限り、補語人称代名詞は動詞の後に置かれます。
また me, te は moi, toi になります。
    Montrez-la à Jean.   それをジャンに見せてください。
    Montrez-lui cette photo.   その写真を彼（彼女）に見せてください。
    Montrez-moi cette photo.   その写真を私に見せてください。

Exercices 8 A

1 イタリック体の語を補語人称代名詞に変えましょう。また、その文を否定文にしましょう。

(1) Il donne *cette montre* à Paul.
(2) Il donne *ce livre* à Paul.
(3) Il donne *ces livres* à Paul.
(4) Il offre ces cadeaux *à Paul.*
(5) Il offre ces cadeaux *à Sophie.*
(6) Il offre ces cadeaux *à ses amis.*

2 （　）の中に **aller** または **venir** の適切な現在形を入れ、近接未来または近接過去を表す文にしましょう。

(1) Je (　　　　) téléphoner à Sophie.
(2) Elle (　　　　) d'acheter un billet.
(3) Nous (　　　　) voir Louis.
(4) Le train (　　　　) de partir.
(5) L'avion (　　　　) d'arriver à Narita.

3 次の文を訳しましょう。

(1) Tu me donnes ton adresse ?
(2) Ils nous invitent souvent à dîner.
(3) Voulez-vous me passer le poivre ?
(4) Ça te plaît, ce cadeau ?
(5) Cette robe vous va très bien.

Exercices 8 B

1 近接未来、近接過去の文章に変えて訳しましょう。
  (1) Il voit ses parents.
  (2) J'achète un billet.
  (3) Ils arrivent au Japon.
  (4) Elle part pour la France.
  (5) Je téléphone à Louise.

2 イタリック体の語を補語人称代名詞に変えましょう。
  (1) Il vient de téléphoner *à Nicolas*.
  (2) Je vais montrer cette photo *à Paul*.
  (3) Je viens de donner un cadeau *à Elise*.
  (4) Est-ce que je peux essayer *cette cravate* ?
  (5) Voulez-vous donner cette enveloppe *à Françoise* ?

3 次の文をフランス語にしましょう。
  (1) 私はその封筒を彼に渡したところです。
  (2) 私たちはこれからフランスに向けて出発するところです。
  (3) 塩 (sel 男) を（私に）渡してくれませんか？
  (4) （私は）君のプレゼントをとても気に入ってるんだ。
  (5) あなたを昼食 (déjeuner) に招待します。

Civilisation et expressions 8 　英語は通じる？

　フランス人は英語を話せるのに話してくれない、という話が今も伝説のように聞かれます。そうだとしても、それはわざとではなく、英語を流暢に話せるフランス人がそれほど多くないせいではないでしょうか？　日本人も英語で話しかけられたとき、すべての人が英語で答えられるわけではないのと同じようなことだと思います。最近では英語を話せる人も増えてきました。でも、そのために、せっかく学んだのだから現地ではフランス語を使いたいという旅行者にとって、望ましくない親切を経験することがあります。

　映画『パリ、ジュテーム』の最後のエピソードに出てくるアメリカ人女性もそんな目に遭いました。旅行のためにフランス語を習ってきた彼女は、勇気を出してフランス語で話しかけてみたのですが、彼女の英語訛りに反応したのか、相手は英語で返答し、彼女はがっかりします。

　『パリ、ジュテーム』はパリを舞台にした18の物語が語られるオムニバス映画です。地区ごとに違う表情を見せるパリを映画の中で見つけてみてください。

Leçon 9

Dans la salle de repos

Nanako : Vous n'êtes pas fatigués ?

Agnès : Si, un peu.

Nanako : Il y a une petite salle de repos là-bas. Allons nous reposer.

Agnès : C'est une bonne idée.

Nanako : Bon, assoyons-nous.
Vous le trouvez comment, ce musée ?

Louis : Très intéressant. Certes, il n'est pas très grand, mais il a une collection très riche, surtout celle* des œuvres d'artistes locaux.

Agnès : Elle est superbe, la porcelaine dans la salle d'à côté !

* Appendice p.61

Grammaire 9

1 代名動詞：主語と同じものを指す目的補語を伴った動詞の形です。 **42**

    se coucher 寝る

直説法現在

je me couche	nous nous couchons
tu te couches	vous vous couchez
il se couche	ils se couchent
elle se couche	elles se couchent

否定形　Je ne me couche pas. 私は寝ない。

倒置形　Vous couchez-vous ? あなたは寝ますか？

命令形　肯定　Couche-toi !　　　　Couchons-nous !　　　　Couchez-vous !
　　　　　　　寝ろ！　　　　　　　寝よう！　　　　　　　　寝てください！

　　　　否定　Ne te couche pas !　Ne nous couchons pas !　Ne vous couchez pas !
　　　　　　　寝るな！　　　　　　寝ないでおこう！　　　　寝ないでください！

　cf.) 助動詞が入るときの語順に注意しましょう。
　　　Je vais me coucher. 私はこれから寝ます。

用法
(1) 再帰的「自分を〜する」：Nous nous levons tôt demain matin.　私たちは明朝早く起きます。
(2) 相互的「〜しあう」：Elles se téléphonent tous les jours.　彼女たちは毎日電話をかけあいます。
(3) 受動的「〜される」：La ville se sépare en deux.　街は二つに分かれています。
(4) 本質的（慣用表現）：Vous souvenez-vous de moi ?　私を覚えていますか？

2 非人称表現 (1)：il を主語とした構文で、さまざまな表現に用いられます。 **43**

  Il y a des nuages.　　　　　　　曇っています。

  Il reste encore des places ?　　まだ席は残っていますか？

  – Combien de temps **faut-il** pour aller à Versailles ?
　　　　　　　　　　　　　　　　　ヴェルサイユに行くのにはどのくらいの時間がかかりますか？

  – **Il faut** vingt minutes à pied / en métro / en autobus / en train / en voiture.
　　　　　　　　　　　歩いて / 地下鉄で / バスで / 電車で / 車で 20 分かかります。

  Il faut préparer un gâteau pour son anniversaire.
　　　　　　　　　　　彼の誕生日にケーキを用意しなければいけません。

  Il est important **d'**aller à l'étranger pour mieux connaître son pays.
　　　　　　　　　　　自分の国をよりよく知るためには外国に行くことが大切だ。

  Il est évident **que** vous avez tort.　あなたが間違っているのは明らかだ。

Exercices 9 A

1 (　　) 内の代名動詞を適切な形にしましょう。また意味も確認しましょう。
(1) Je (se réveiller) à sept heures.
(2) Tu (se lever) tôt ?
(3) Il (se laver) le visage.
(4) Elle (se brosser) les dents.
(5) Nous (s'habiller) pour sortir.
(6) Elles (se maquiller) trop.

2 次の文を否定文にしましょう。
(1) Cet article se vend bien.
(2) Tu te souviens de mon anniversaire ?
(3) Il se moque de toi.
(4) Tu te sens bien ?
(5) Nous nous téléphonons tous les soirs.

3 次の文を訳しましょう。
(1) Il y a un bon restaurant dans le musée.
(2) Il reste encore deux places.
(3) Il faut bien dormir pour la santé.
(4) Il est amusant de faire la cuisine.
(5) Il faut dix minutes pour aller à la gare à pied.

Exercices 9 B

1 (　　) 内の代名動詞を適切な形にしましょう。

(1) Voulez-vous (s'asseoir) ici ?

(2) J'aime (se promener) dans la forêt.

(3) Vous (se connaître) depuis longtemps ?

(4) Aujourd'hui, je (se sentir) bien.

(5) Comment ça (s'écrire) ?

2 下記の語群を参考にして、次の日本語をフランス語にしましょう。

(1) 今夜は早く寝なければいけない。

(2) この近くにスーパーマーケットはありますか？

(3) この料理を準備するのには 15 分かかる。

(4) 戸外で昼食をとるのは心地よい。

(5) 彼のことはよく覚えています。

| agréable | un supermarché | se coucher | se souvenir | déjeuner |
| en plein air | ce soir | préparer | ce plat | près d'ici |

Civilisation et expressions 9　いろいろな tout

	単数	複数
男性	tout	tous
女性	toute	toutes

tout はとてもよく使われる単語ですが、語順や使い方は案外難しいものです。

tout はこの表のように性・数によって形を変えて使われます。さまざまな表現に広く用いられますので、いくつか紹介します。

①**代名詞**：すべて、みんな
　Tout va bien.　　　　　　　すべてうまくいっています。
　C'est tout.　　　　　　　　それで全部です。
　Nous sommes tous contents.　私たちはみんな幸せです。

②**形容詞**：〜じゅう、すべての、毎〜
　toute la journée　一日中／tous les jours　毎日／tous les trois ans　3年毎に

③**副詞**：とても、非常に
　C'est tout naturel.　それはとても自然だ。

④**その他の成句**
　tout le monde　みんな　　　／ tout de suite　すぐに
　tout à l'heure　さっき、後で／ tout à fait　　まったく

Leçon 10

« Un peu de silence, s'il vous plaît. »

Louis : Alors, qu'est-ce que la surveillante nous a dit dans la salle ?

Nanako : Elle nous a demandé de parler moins* fort.

Agnès : Pourquoi ?

Nanako : On ne doit pas parler à voix haute dans les musées au Japon.

Agnès : C'est vrai ?

Nanako : Oui. Il faut admirer les œuvres d'art en silence. C'est pour ne pas déranger les autres.

Mais nous pouvons parler à voix basse.

Louis : Entendu.

Nanako : Ah ! Il est déjà quatre heures.

Le musée ferme à cinq heures.

On continue.

Il y a encore d'autres salles à visiter.

* Appendice p.62

Grammaire 10

1 直説法複合過去：助動詞（avoir または être）の現在形＋過去分詞で作ります。

(1) 他動詞および大部分の自動詞は助動詞に **avoir** を用います。 (46)

demander 頼む、尋ねる

j'	ai	demandé	nous	avons	demandé
tu	as	demandé	vous	avez	demandé
il	a	demandé	ils	ont	demandé
elle	a	demandé	elles	ont	demandé

※過去分詞の形

aimer	愛する	→ aimé
choisir	選ぶ	→ choisi
voir	見える	→ vu
faire	作る	→ fait
prendre	取る	→ pris
avoir	持っている	→ eu
être	～である	→ été

※否定形：Je **n'**ai **pas** demandé ça. 私はそれを頼まなかった。
※補語人称代名詞は助動詞の前：
　　　　Je **lui** ai demandé ça. 私は彼にそれを頼んだ。

(2) 一部の自動詞* は助動詞に **être** を用います。過去分詞は主語の性・数に一致します。 (47)

aller 行く

je	suis	allé(e)	nous	sommes	allé(e)s
tu	es	allé(e)	vous	êtes	allé(e)(s)
il	est	allé	ils	sont	allés
elle	est	allée	elles	sont	allées

　* aller（行く）, venir（来る）, entrer（入る）, partir（出発する）, arriver（着く）, monter（登る）, descendre（降りる）, naître（生まれる）, mourir（死ぬ）など、主として移動を表すもの。

※否定形：Je ne suis pas allé(e). 私は行かなかった。

(3) 代名動詞の複合過去：助動詞は être (48)

se coucher 寝る

je	me	suis	couché(e)	nous	nous	sommes	couché(e)s
tu	t'	es	couché(e)	vous	vous	êtes	couché(e)(s)
il	s'	est	couché	ils	se	sont	couchés
elle	s'	est	couchée	elles	se	sont	couchées

　* se が直接目的補語の場合、過去分詞は性・数一致：Elle s'est lavée. 彼女は（自分の）体を洗った。
　　ただし次の場合、過去分詞は一致しません：Elle s'est lavé les mains. 彼女は手を洗った。

※否定形：Je ne me suis pas couché(e). 私は寝なかった。

2 非人称表現 (2)

(1) 天候 (49)

　Il fait beau. / Il fait froid. / Il fait chaud.　晴れ / 寒い / 暑いです。
　Il pleut. / Il neige.　雨が降っています。/ 雪が降っています。

(2) 時刻 (50)

　– Quelle heure est-il ?　何時ですか？
　– Il est une heure / deux heures / trois heures cinq.　1時 / 2時 / 3時5分です。
　　　　quatre heures et quart / cinq heures et demie.　4時15分 / 5時半です。
　　　　six heures moins le quart / sept heures moins dix.　6時15分前 / 7時10分前です。
　　　　midi / minuit.　昼の12時 / 夜中の12時です。

Exercices 10 A

1 （　）内の動詞を複合過去にしましょう。

(1) Je (déposer) mon sac à dos à la consigne.

(2) Tu (laisser) ton passeport à l'hôtel.

(3) Il (oublier) son portefeuille dans la chambre.

(4) Elle (acheter) un catalogue à la boutique du musée.

(5) Nous (entrer) dans cette salle.

(6) Vous (rentrer) chez vous à vingt heures.

(7) Ils (aller) au musée hier.

2 （　）内の動詞を複合過去にしましょう。

(1) Ils (se réveiller) à sept heures.

(2) Tu (se lever) tôt ?

(3) Elle (se laver) le visage.

(4) Je (se brosser) les dents.

(5) Nous (s'habiller) pour sortir.

(6) Elles (se moquer) de moi.

(7) Nous (se regarder) sans rien dire.

3 例にならってフランス語にしましょう。

例） 東京 (Tokyo) ／ 9 時／湿度が高い

Il est neuf heures à Tokyo. Il fait humide.

(1) パリ (Paris) ／ 10 時半／雨

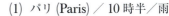

(2) マルセイユ (Marseille) ／ 11 時 10 分前／晴れ

(3) ロンドン (Londres) ／ 8 時 15 分／寒い

(4) ジュネーヴ (Genève) ／ 15 時 5 分／雪

(5) 北京 (Pékin) ／ 20 時 45 分／暑い

Exercices 10 B

1 次の文を複合過去にしましょう。

(1) Je ne prends pas de vin.

(2) Il ne fait pas la cuisine.

(3) Tu lui téléphones ce soir.

(4) Elle me donne un cadeau.

(5) Nous n'allons pas à Tokyo.

(6) Ils ne viennent pas à la réunion.

2 次の文を複合過去にしましょう。

(1) Je ne me moque pas de lui.

(2) Nous ne nous promenons pas ce matin.

(3) Ils se téléphonent plusieurs fois.

(4) Elle ne se couche pas tard.

(5) Ces enfants ne se lavent pas les mains.

Civilisation et expressions 10　過去分詞の一致

複合過去における過去分詞の一致は注意を要するものですね。
特に、助動詞がavoirの場合、目的語が前置されると過去分詞はその目的語に一致させなければいけないのですが、これはフランス人にとっても難しいことのようです。
映画『プロヴァンス物語／マルセルのお城』では、奨学生試験を受けることになった主人公の少年マルセルが書き取りの練習をしているときに、Les vacancesに合わせなければいけないesを過去分詞につけ忘れ、指摘される場面があります。

Les vacances que nous avons pass**ées**...

わかりますか？
前編である『プロヴァンス物語／マルセルの夏』とともに、この映画にはフランス人のヴァカンスにかける意気込み、家族での夏の休暇やクリスマスの過ごし方、そして南仏の美しい自然が描かれています。ぜひ鑑賞してみてください。

Leçon 11

Sur la peinture européenne

Nanako : C'est la dernière salle, celle des peintures européennes.
Il y a des œuvres de Renoir, de Monet, de Pissarro, etc.

Louis : Ah, ce sont des impressionnistes !

Nanako : Oui, les Japonais aiment bien l'impressionnisme.

Louis : Je ne le savais pas. Nous en sommes très fiers.

Agnès : Mais pourquoi les Japonais préfèrent-ils l'impressionnisme ?

Nanako : L'impressionnisme nous est plus accessible, à nous, les Japonais. Ces œuvres ne demandent pas beaucoup de connaissances en peinture. Elles sont donc populaires au Japon. Moi, j'aime les couleurs nuancées.

Grammaire 11

❶ 直説法半過去：継続性のある過去を表す形です。 52))

	aimer		être		avoir
j'	aim**ais**	j'	ét**ais**	j'	av**ais**
tu	aim**ais**	tu	ét**ais**	tu	av**ais**
il	aim**ait**	il	ét**ait**	il	av**ait**
nous	aim**ions**	nous	ét**ions**	nous	av**ions**
vous	aim**iez**	vous	ét**iez**	vous	av**iez**
ils	aim**aient**	ils	ét**aient**	ils	av**aient**

語尾：すべての動詞に共通
語幹：直説法現在1人称複数 (nous) の活用形から -ons を除いたもの（例外：être）

  aimer : nous **aim**ons → j'**aim**ais

用法：(1) 過去のある時点において継続中であった動作や状態
    Mon fils dormait quand je suis rentrée.　私が帰ったとき、息子は眠っていました。

   (2) 過去におけるある行為の習慣・反復
    Elle allait au cinéma tous les samedis.　彼女は毎週土曜日に映画に行っていました。

❷ 中性代名詞 en：性・数に関係なく、以下の用法で使います。 53))

(1) de + 名詞・代名詞・不定詞・節などに代わります。
 – Tu es contente de ton voyage en Europe ?　　– Oui, j'**en** suis contente.
  君はヨーロッパ旅行に満足してる？　　　　　　　うん、満足しているよ。
 – Est-ce qu'il a besoin de travailler plus ?　　– Oui, il **en** a besoin.
  彼はもっと勉強する必要がありますか？　　　　　はい、その必要があります。

(2) 不定冠詞・部分冠詞・否定の de +名詞および数量表現のついた名詞に代わります。
 – Tu veux du café ? – Oui, j'**en** veux bien.　コーヒーほしい？ —うん、ほしい。
 – Avez-vous des chats ? – Oui, j'**en** ai un / deux / beaucoup. / Non je n'**en** ai pas.
  猫を飼っていますか？　　　　はい、私は1匹／2匹／たくさん飼っています。／いいえ、飼っていません。

 ※ de + 人を表す名詞は <u>de + 強勢形代名詞</u> でうける：J'ai peur de lui. 私は彼がこわい。

❸ 中性代名詞 y：性・数に関係なく、以下の用法で使います。 54))

(1) à + 人以外の名詞または不定詞・節に代わる。
 – Tu penses aux prochaines vacances ? – Oui, j'**y** pense.
  次の休暇のこと考えてる？　　　　　　　　　うん、考えてるよ。

(2) 場所を示す前置詞（à, en, dans, sur, etc. / de を除く）のついた語に代わる。
 – Voulez-vous aller en Italie ? – Oui, je veux **y** aller.
  イタリアに行きたいですか？　　　　はい、行きたいです。

❹ 中性代名詞 le：性・数に関係なく、属詞の名詞・形容詞、直接目的補語の不定詞・節等に代わります。 55))

 – Tu es fatiguée ? – Non, je ne **le** suis pas.　疲れてる？ —ううん、そうじゃない。
 – Vous savez que les japonais aiment le poisson ?　– Oui, je **le** sais.
  日本人は魚が好きだということを知っていますか？　　　　　　はい、（それを）知っています。

Exercices 11 A

1 下線部の動詞部分を半過去に変えましょう。また訳しましょう。

(1) Je l'aimer_____ bien.

(2) Tu aller_____ au cinéma tous les dimanches ?

(3) Il chanter_____ souvent.

(4) Elle porter_____ une robe blanche.

(5) Ils jouer_____ de la guitare.

2 (　)の中に適切な中性代名詞を入れましょう。

(1) Elle vient de se marier. Il (　　　) sait ?

(2) – Les japonais sont gentils ?
　　– Oui, en général, ils (　　　) sont.

(3) – Elle a des frères ?
　　– Oui, elle (　　　) a deux.

(4) – Voulez-vous du café ?
　　– Oui, j'(　　　) veux bien.

(5) – Nous sommes contents de le revoir.
　　– Je (　　　) suis, moi aussi.

(6) Elle est née à Yokohama et elle (　　　) habite toujours.

(7) – Allez-vous souvent au cinéma ?
　　– Oui, j'(　　　) vais une fois par mois.

(8) – Tu penses à ton avenir ?
　　– Oui, j'(　　　) pense souvent.

Exercices 11 B

1 下線部の動詞を半過去に変えましょう。

(1) C'est_____ bon.

(2) Je ne le sais_____ pas.

(3) C'est trop gentil. Il ne faut_____ pas.

(4) Je veux_____ vous demander une petite chose.

(5) La cloche de midi finit_____ de sonner.

2 （　）内の動詞を直説法複合過去または半過去にしましょう。

(1) Il (habiter) dans ce quartier, mais il (déménager) il y a un mois.

(2) Quand il (être) petit, il (aller) à la bibliothèque avec ses parents.

(3) Quand nous (rentrer) chez nous, elle (regarder) la télé.

(4) Le bébé (dormir) bien, mais il (se réveiller) à cause du tonnerre.

(5) Quand nous (être) en France, nous (prendre) des croissants tous les matins.

3 次の文をフランス語にしましょう。

(1) 小さい頃、私は両親と一緒によく映画に行っていた。

(2) 彼女が帰ったとき、夫 (mari) は夕食の仕度をしていた (préparer)。

(3) ― 地下鉄はストライキ中 (en grève) です。あなたはそのことを知っていましたか？
　　― いいえ、知りませんでした。

Civilisation et expressions 11　印象派絵画

　日本ではモネやルノワールといった印象派の画家がよく知られています。印象派の絵画は、西洋美術作品の中では最も代表的なもののひとつと考えている人も多いかもしれませんが、長い美術史の中で考えれば、少なくとも制作された当時はとても革新的で、それまでの伝統とはかけ離れたものでした。西洋美術の古典的作品を十分に鑑賞するためには聖書や神話についてや絵画の見方に関する知識や教養が必要なのですが、身近な風俗や静物、人物を描いた印象派の絵画にはその必要があまりありません。荘厳な古典絵画より、美しい色彩や画家の豊かな感性の表現を気軽に楽しめるという意味で、親しみやすいわけです。それで日本人にも人気があるのかもしれませんね。

Leçon 12

« Si on prenait un café ? »

Nanako : Nous avons presque tout vu.
Si on prenait un café ?
Il y a un salon de thé dans le musée.

Louis : C'est très bien !

…

Nanako : Qu'est-ce que vous prenez ?

Louis : Je voudrais un café.

Agnès : Moi, je prends un coca.

Louis : Merci, Nanako.
Sans toi, notre visite ne serait pas
si intéressante.

Agnès : Alors, Nanako, tu ne veux pas venir
en France ?

Nanako : Mais si, je veux y aller pour étudier.

Louis : Etudier quoi ?

Nanako : D'abord, je veux apprendre le français
et après j'étudierai la culture française.
Je m'intéresse surtout au cinéma.

Agnès : Quand tu viendras, tu nous préviendras.

Nanako : Oui, je n'y manquerai pas.

Grammaire 12

① 直説法単純未来：未来の不確実な事実を表します。 (57)

donner 与える

je donne**rai**	nous donne**rons**
tu donne**ras**	vous donne**rez**
il donne**ra**	ils donne**ront**

語尾：すべての動詞に共通
語幹：

① **-er** 型動詞：直説法現在第一人称単数の形
    donner : je donne → je donnerai   acheter : j'achète → j'achèterai

② **-ir, -re** 型動詞：多くは不定形語尾の **-r, -re** をとった形
    choisir : je choisirai   prendre : je prendrai

③ 特殊なもの
    avoir → j'aurai   être → je serai   pouvoir → je pourrai   aller → j'irai
    voir → je verrai   faire → je ferai   vouloir → je voudrai   venir → je viendrai

用法：未来の動作・状態を表す。主語が二人称のときには命令を表すことがあります。

② 条件法現在：事実に反する仮定についての結果を推測して述べたり、婉曲な言い方、過去における未来を表すなどの用法があります。 (58)

aimer

j' aime**rais**	nous aime**rions**
tu aime**rais**	vous aime**riez**
il aime**rait**	ils aime**raient**

語幹：直説法単純未来と同じ
語尾：すべての動詞に共通
用法：事実に反する仮定についての結果を推測して述べます。

① **Si** + 直説法半過去（現在または未来の事実に反する仮定），……条件法現在
    Si j'avais le temps, je vous guiderais.   時間があったら、あなたを案内するのですが。

    ※ Si + 直説法半過去？：提案・勧誘を表す。「～しませんか？」
        Si on allait au café ?   カフェに行きませんか？

② 語気緩和・推測
    Je voudrais voir Madame Fauchet.   フォシェさんに会いたいのですが。

③ 過去における未来
    Il m'a dit qu'il partirait très tôt.   彼は私にとても早く発つと言った。

Exercices 12 A

1 ( )内の動詞を条件法現在に変えましょう。

(1) Je (vouloir) réserver une table pour deux.
(2) Si j'avais le temps, je (voyager) en France.
(3) J'(aimer) rester à la maison.
(4) Nous (aimer) louer une villa au bord de la mer.
(5) (Aimer)-vous visiter le château ?

2 ( )内の動詞を適切な形の単純未来に変えましょう。

(1) Je (pouvoir) te rejoindre.
(2) Vous me (téléphonner) tout à l'heure.
(3) Nous (arriver) à Paris demain.
(4) Tu (passer) chez moi ce soir.
(5) J'(avoir) du temps demain après-midi.

3 例にならって、次のメニューから注文しましょう。

```
              CAFÉ DU MUSÉE

SNACK     Salade (niçoise, parisienne, mixte) 11,00 € / Croque-monsieur 5,50 €
          Omelette fromage 6,70 € / Omelette jambon 6,70 €

DESSERT   Mousse au chocolat 5,10 € / Crème brûlée 5,00 € / Tarte 5,00 €
          Glace (2 boules) 5,80 € / Sorbet 5,80 €

BOISSON   Café 2,20 € / Café noisette 2,20 € / Thé au citron 2,20 €
          Thé au lait 2,20 € / Coca 4,00 € / Orangina 4,00 € / Eau minérale 3,00 €
          Bière 4,00 € / Jus d'orange 4,50 € / Vin rouge, blanc, rosé 4,50 €
```

– Qu'est-ce que vous désirez ? 　　　　　何にいたしますか？
– Un café, s'il vous plaît. 　　　　　　　コーヒーを1杯ください。
– Je prends un jus d'orange. 　　　　　　オレンジジュースをください。
– Je voudrais une tarte et un thé au citron.　タルトとレモンティーをください。

Exercices 12 B

1 次の（　）内の動詞を適切な単純未来に変えましょう。

(1) Il y (avoir) des nuages à Paris.

(2) Le temps (être) plus couvert demain.

(3) La pluie (cesser) bientôt.

(4) Il (faire) beau demain.

(5) On (voir).

(6) Ça (aller) bien.

2 次の（　）内の動詞を適切な条件法現在に変えましょう。

(1) S'il faisait beau, nous (dîner) dans le jardin.

(2) (Pouvoir)-vous m'indiquer le chemin ?

(3) Si j'avais une voiture, j'(aller) te chercher à la gare.

(4) (Vouloir)-vous nous appeler un taxi ?

(5) Nous (vouloir) la voir.

Civilisation et expressions 12　　料理の注文

　料理の注文は少し複雑かもしれません。でも、いくつかのことを覚えておけば、対応しやすくなります。まず、日本語でいうメニューつまり料理のリストは la carte、フランス語の le menu はセットメニューの意味（最近では la formule もよく使います）。そして、フランス料理は基本的には前菜・主菜・デザートで構成されていることを覚えておきましょう。肉、魚などの食材名、代表的な料理名などを覚えておけばさらにいいでしょう。

　それでは、それを踏まえて、以下のメニューから注文をしましょう。

Je prends la formule, s'il vous plaît.
Comme entrée, ～, s'il vous plaît.
Comme plat, ～, s'il vous plaît.
Comme dessert, ～, s'il vous plaît.
Comme boisson, ～, s'il vous plaît.

Formule à 20 €

— *Entrée* —
salade de crevettes / crudités /
jambon cru / soupe à l'oignon
— *Plat* —
bœuf-bourguignon / poulet rôti /
magret de canard / saumon grillé
— *Dessert* —
glace / sorbet / crême brûlée / tarte /
mousse au chocolat
— *Boisson* —
eau minérale (plate / gazeuse) / coca /
vin rouge / vin rosé / vin blanc

APPENDICE

① 基本数詞
② 日付・年号
③ 季節
④ パリの市立美術館
⑤ 名詞の複数形
⑥ 形容詞の複数形
⑦ 形容詞の女性形
　＊2つの男性形を持つもの
　＊特殊な女性形を持つもの
⑧ 名詞の女性形
⑨ 第二群規則動詞（-ir 動詞）の直説法現在
⑩ 指示代名詞 celui, celle, ceux, celles
⑪ 主語代名詞 on
⑫ 比較級
⑬ 最上級
⑭ 特殊な形の比較級・最上級

母音字の読み方
① 単母音字
② 複母音字
③ 母音字 ＋ n, m など

子音字の読み方
① 単語の最後にある子音字
② 注意すべき子音字の読み方

① 基本数詞 **60**

1	**un** [œ̃]		50	**cinquante** [sɛ̃kɑ̃:t]
2	**deux** [dø]		51	**cinquante et un** [sɛ̃kɑ̃teœ̃]
3	**trois** [trwɑ]		⋮	
4	**quatre** [katr]		60	**soixante** [swasɑ̃:t]
5	**cinq** [sɛ̃:k]		61	**soixante et un** [swasɑ̃teœ̃]
6	**six** [sis]		⋮	
7	**sept** [sɛt]		70	**soixante-dix** [swasɑ̃tdis]
8	**huit** [ɥit]		71	**soixante et onze** [swasɑ̃teɔ̃:z]
9	**neuf** [nœf]		72	**soixante-douze** [swasɑ̃tdu:z]
10	**dix** [dis]		⋮	
11	**onze** [ɔ̃:z]		77	**soixante-dix-sept** [swasɑ̃tdi(s)sɛt]
12	**douze** [du:z]		⋮	
13	**treize** [trɛ:z]		80	**quatre-vingts** [katrəvɛ̃]
14	**quatorze** [katɔrz]		81	**quatre-vingt-un** [katrəvɛ̃œ̃]
15	**quinze** [kɛ̃:z]		82	**quatre-vingt-deux** [katrəvɛ̃ dø]
16	**seize** [sɛ:z]		⋮	
17	**dix-sept** [di(s)sɛt]		90	**quatre-vingt-dix** [katrəvɛ̃dis]
18	**dix-huit** [dizɥit]		91	**quatre-vingt-onze** [katrəvɛ̃ɔ̃:z]
19	**dix-neuf** [diz nœf]		⋮	
20	**vingt** [vɛ̃]		97	**quatre-vingt-dix-sept** [katrəvɛ̃di(s)sɛt]
21	**vingt et un** [vɛ̃teœ̃]		⋮	
22	**vingt-deux** [vɛ̃t dø]		100	**cent** [sɑ̃]
⋮			101	**cent un** [sɑ̃œ̃]
30	**trente** [trɑ̃:t]		⋮	
31	**trente et un** [trɑ̃teœ̃]		200	**deux cents** [døsɑ̃]
32	**trente-deux** [trɑ̃t dø]		291	**deux cent quatre-vingt-onze** [døsɑ̃katrəvɛ̃ɔ̃:z]
⋮				
40	**quarante** [karɑ̃:t]			
41	**quarante et un** [karɑ̃teœ̃]			

1.000	**mille**	[mil]
2.000	**deux mille**	[dømil]
10.000	**dix mille**	[dimil]
100.000	**cent mille**	[sɑ̃mil]
1.000.000	**un million**	[miljɔ̃]
1.000.000.000	**un milliard**	[milja:r]

数詞は、次にくる名詞の語頭の音によって、音が変わるものがあります。

1) un, deux, trois, vingt は、母音字または無音の h で始まる語の前でリエゾンします。
   un‿euro [œ̃nøro], deux‿euros [døzøro]

2) cinq, huit は、子音字で始まる語の前では語末の子音を発音しません。
   cinq personnes [sɛ̃ pɛrsɔn], huit personnes [ɥi pɛrsɔn]
   ただし会話体で cinq は、語末の子音を発音する場合もあります。

3) six, dix は、母音字または無音の h で始まる語の前ではリエゾンし、子音字で始まる語の前では語末の子音字を発音しません。
   six‿heures [sizœ:r], dix‿heures [dizœ:r],
   six personnes [si pɛrsɔn], dix personnes [di pɛrsɔn]

4) neuf は、ans, heures などの少数の語の前では [nœv] 。
   neuf‿ans [nœvɑ̃], neuf‿heures [nœvœ:r]

5) onze はふつう前の単語とリエゾンやエリズィオンを行いません。
   ces'onze pommes, le onze mars

6) un が「数字の 1」「1 番」を意味するときも同様です。
   cent'un, le un du boulevard Saint-Germain

7) vingt および cent は、前に乗数がある場合は複数の s をつけますが、後に数が続くとその s を省きます。mille は常に無変化です。

   quatre-vingt**s**   trois cent**s**   deux mille
   quatre-vingt-deux   trois cent vingt   deux mille dix

② 日付・年号 (61)

1968 年 　　　　　(l'an) mil* neuf cent soixante-huit / dix-neuf cent soixante-huit
1789 年 7 月 14 日　 le 14 juillet 1789

*mille は年号を表すときには mil と表されることが多いです。

③ 季節 (62)

le printemps (au printemps)　春 (に)
l' été (en été)　　　　　　　夏 (に)
l'automne (en automne)　　　 秋 (に)
l'hiver (en hiver)　　　　　 冬 (に)

④ パリの市立美術館
（http://www.paris.fr/musees）

① **Musée Carnavalet - histoire de Paris**（カルナヴァレ博物館）

② **Crypte archéologique du parvis de Notre Dame**
（ノートルダム大聖堂古代地下聖堂）

③ **Les Catacombes de Paris**
（カタコンブ・ド・パリ）

④ **Musée Cognacq-Jay, musée du XVIIIe siècle**（コニャック・ジェ美術館）

⑤ **Musée Zadkine**（ザッキン美術館）

⑥ **Musée Bourdelle**（ブールデル美術館）

⑦ **Musée de la Vie romantique**
（ロマン派美術館）

⑧ **Petit Palais - musée des Beaux-Arts de la Ville de Paris**
（プティ・パレ）

⑨ **Maisons de Victor Hugo**
（ヴィクトル・ユゴー記念館）

⑩ **Musée d'art moderne de la Ville de Paris**（市立近代美術館）

⑪ **Palais Galliera, musée de la Mode de la Ville de Paris**
（ガリエラ美術館）

⑫ **Musée Cernuschi - musée des arts de l'Asie de la Ville de Paris**
（チェルヌスキ美術館）

⑬ **Musée du général Leclerc de Hauteclocque et de la Libération de Paris - Musée Jean Moulin**（ジャン・ムーラン美術館）

⑭ **Maisons de Balzac**
（バルザック記念館）

⑤ 名詞の複数形　(63)

1)	原則：	単数形 + s	livre	本	→	livres
2)	-s,-x,-z	→ そのまま	bras	腕	→	bras
			voix	声	→	voix
			nez	鼻	→	nez
3)	-al	→ -aux	animal	動物	→	animaux
4)	-eau,-au, -eu	→ x をつける	couteau	ナイフ	→	couteaux
			tuyau	管	→	tuyaux
			cheveu	髪の毛	→	cheveux
5)	-ail	→ -aux	travail	仕事	→	travaux
6)	特殊な複数形を持つ名詞		œil [œj]	目	→	yeux [jø]
7)	発音上注意を要する複数形		œuf [œf]	卵	→	œufs [ø]

⑥ 形容詞の複数形：おおむね名詞の場合に準じてつくられます。　(64)

petit 小さい → petits ; gris 灰色の → gris ; heureux 幸せな → heureux
social 社会の → sociaux ; beau 美しい → beaux

⑦ 形容詞の女性形　(65)

1)	原則：男性形 + e	petit	小さい	→	petite
2)	-e → そのまま	jeune	若い	→	jeune
3)	-er → -ère	léger	軽い	→	légère
4)	-et → -ète	complet	完全な	→	complète
5)	-f → -ve	sportif	スポーツ好きな	→	sportive
6)	-eux → -euse	heureux	幸せな	→	heureuse
7)	子音字を重ねるもの	bon	良い、うまい	→	bonne
		parisien	パリの	→	parisienne
		naturel	自然な	→	naturelle

＊ 2 つの男性形を持つもの

	男性形	男性第 2 形	女性形
美しい	beau	bel	belle
新しい	nouveau	nouvel	nouvelle
古い	vieux	vieil	vieille

男性第 2 形は母音字または無音の h ではじまる男性単数名詞の前で用いられます。
女性形は男性第 2 形からつくります。

un beau garçon（美しい男の子）， un bel arbre（美しい木）， une belle fille（美しい女の子）

* 特殊な女性形を持つもの

blanc	白い	→	blanche	franc	率直な	→	franche
frais	新鮮な	→	fraîche	sec	乾いた	→	sèche
doux	柔らかい	→	douce	faux	偽の	→	fausse
public	公の	→	publique	long	長い	→	longue

⑧ 名詞の女性形

人および動物を示す名詞の女性形も、おおむね形容詞に準じてつくられます。

cousin いとこ → cousine ： journaliste ジャーナリスト → journaliste
cuisinier 料理人 → cuisinière ： musicien 音楽家 → musicienne

⑨ 第二群規則動詞（-ir 動詞）の直説法現在 ⑥⑦

choisir 選ぶ

je choisis	nous choisissons
tu choisis	vous choisissez
il choisit	ils choisissent
elle choisit	elles choisissent

同型の動詞
finir 終える，réussir 成功する，etc.

⑩ 指示代名詞 celui, celle, ceux, celles ⑥⑧

男性・単数	女性・単数	男性・複数	女性・複数
celui	celle	ceux	celles

1) 前出の名詞をうけます。名詞の性・数によって変化します。

   Cette poupée est celle de ma sœur. この人形は私の妹の人形です。

   -ci, -là をつけて遠近を区別します。

   Voici deux sacs : lequel préférez-vous, celui-ci ou celui-là ?
   バッグが 2 個あります。どちらが好きですか、こちらですか、あちらですか？

2) 関係節を従えて、「～する人」という意味を表します。

   Celui qui porte une chemise bleue, c'est mon père.
   青いシャツを着ている人が私の父です。

   Ceux qui travaillent bien ont des chances de réussir.
   よく仕事をする人たちには成功するチャンスがある。

⑪ 主語代名詞 on (69)

常に主語として用い、動詞は意味にかかわらず常に3人称単数形を用います。

1) 不特定の人を指します。

「人は、人々は」　En France, on va souvent au cinéma.
　　　　　　　　フランスでは（人は）映画によく行く。

「誰かが」　　　On frappe à la porte.
　　　　　　　　誰かがドアをノックしている。

行為者を示す必要がないとき　On passe un vieux film japonais à Paris.
　　　　　　　　　　　　　　パリで古い日本映画が上映されている。

2) 話し言葉で nous, je, tu / vous, ils / elles と同義。

On vous attend en bas. (＝ nous)　　On s'en fout. (＝ je)
（私たちは）下であなたを待っています。　（私は）そんなことはどうでもいい。

Jeanne et Claudine, on est prêtes* ? (＝ vous)　　＊形容詞は性・数に一致します。
ジャンヌ、クロディーヌ、（あなたたち）用意できている？

⑫ 比較級 (70)

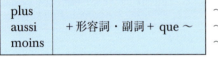

plus aussi moins	＋形容詞・副詞＋ que ～

～よりも多く
～と同じくらい
～よりも少なく

Ce sac-ci est plus cher que celui-là.
このバッグはあれよりも高い。

Elle parle français aussi bien que lui.　　cf.) que の後の人称代名詞は強勢形です。
彼女は彼と同じくらい上手にフランス語を話します。

Cette robe-ci est moins chère que celle-là.
このドレスはあれよりも高くない。

　　cf.) bon(ne)(s)（良い）, bien（上手な）の比較級は、それぞれ meilleur(e)(s)（より良い）, mieux（より上手に）
　　　　です。

⑬ 最上級 (71)

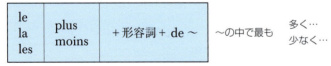

le la les	plus moins	＋形容詞＋ de ～

～の中で最も　多く…
　　　　　　　少なく…

Ce sac-ci est le plus cher de tous mes sacs.
このバッグは、私のすべてのバッグの中で、最も高いです。

Cette robe est la moins chère de toutes mes robes.
このドレスは、私のすべてのドレスの中で、最も安い（高くない）です。

Ces gants sont les plus chers de tous mes gants.
この手袋は、私のすべての手袋の中で、最も高いです。

le	plus / moins	＋副詞＋ de 〜

〜の中で最も

多く…
少なく…

（定冠詞は常に le）

Elle marche le plus lentement de la classe.
彼女はクラスの中で最も遅く歩きます。

Elle marche le moins lentement de la classe.
彼女はクラスの中で最も速く歩きます。

⑭ 特殊な形の比較級・最上級 **72**

bon(ne)(s) → meilleur(e)(s) → le / la / les ＋ meilleur(e)(s)
良い　　　　より良い　　　　最も良い

bien → mieux → le mieux
上手に　　より上手に　　最も上手に

beaucoup → plus → le plus
多く　　　　より多く　　　最も多く

peu → moins → le moins
少なく　　　より少なく　　最も少なく

母音字の読み方

① 単母音字 **73**

		place	広場	là	そこ
a, à, â	[a] [ɑ]				
e	[無音] [ə]	madame	婦人	menu	定食
	[e] [ɛ]	tennis	テニス	merci	ありがとう
é	[e]	café	カフェ		
è, ê	[ɛ]	crème	クリーム	fête	祭、祝い
i, î	[i]	pipe	パイプ	dîner	夕食
y		style	様式		
o, ô	[o, ɔ]	mode	流行	côté	側（面）
u, û	[y]	nature	自然	sûr	確信している

② 複母音字 (74)

ai, ei	[ɛ]	saison	季節	beige	ベージュ色		
au	[o] [ɔ]	autobus	バス				
eau	[o]	eau	水				
eu, œu	[ø]	peu	少し	vœu	願い		
	[œ]	peur	恐れ	bœuf	牛		
ou, où, oû	[u]	jour	日	où	どこに	goût	味、好み
oi, oî	[wa]	moi	私				
ay	[ɛj]	crayon	鉛筆				
oy	[waj]	voyage	旅				

③ 母音字 + **n, m** など (75)

an, am / **en, em**	[ɑ̃]	France / entrée	フランス / 入口	chambre / ensemble	部屋 / 一緒に、全体
in, im, yn, ym / **ain, aim** / **ein, eim**	[ɛ̃]	fin / syndicat / saint / plein	終わり / 組合 / 聖なる / いっぱいの	simple / sympa / faim / Reims	簡単な / 感じがいい / 空腹 / ランス（地名）
on, om	[ɔ̃]	melon	メロン	nom	名前
oin	[wɛ̃]	loin	遠い		
un, um	[œ̃]	un	1	parfum	香水
-ill(l)	[ij]	famille	家庭、家族		
-ail(l)	[aj]	travail	仕事		
-eil(l)	[ɛj]	soleil	太陽		
-euil(l)	[œj]	feuille	葉		

子音字の読み方

① 単語の最後にある子音字 → 原則として発音しない。 ㊎

    grand [grɑ̃] 大きい   long [lɔ̃] 長い   Paris [pari] パリ   sport [spɔr] スポーツ

ただし、c, r, f, l は、単語の終わりにあっても発音することが多い。

    avec [avɛk] 〜と一緒に   mer [mɛr] 海   soif [swaf] 渇き   sel [sɛl] 塩

② 注意すべき子音字の読み方 ㊍

c	+ a, o, u	[k]	café [kafe] カフェ
	+ e, i, y	[s]	ceci [səsi] これ

g	+ a, o, u	[g]	gare [gar] 駅
	+ e, i, y	[ʒ]	page [paʒ] ページ

ç	[s]	garçon [garsɔ̃] 男の子

gu	+ e, i, y	[g]	guide [gid] ガイド

qu	[k]	quatre [katr] 4 quai [ke] 川岸、プラットホーム

h は常に発音しない	hôtel [otɛl] ホテル

母音字 + s + 母音字	[z]	saison [sɛzɔ̃] 季節 poison [pwazɔ̃] 毒
		≠ poisson [pwasɔ̃] 魚

ch	[ʃ]	chocolat [ʃɔkɔla]	チョコレート
ph	[f]	photo [fɔto]	写真
th	[t]	thé [te]	(紅)茶
gn	[ɲ]	champagne [ʃɑ̃paɲ]	シャンパーニュ

単語帳

各課の Dialogue に出てきた初出の単語です。

略語

名 名詞	男 男性名詞	女 女性名詞	不定冠 不定冠詞
部分冠 部分冠詞	定冠 定冠詞	人代 人称代名詞	補人代 補語人称代名詞
指代 指示代名詞	疑代 疑問代名詞	中代 中性代名詞	不定代 不定代名詞
所代 所有代名詞	形 形容詞	指形 指示形容詞	疑形 疑問形容詞
所形 所有形容詞	動 動詞	代名動 代名動詞	副 副詞
疑副 疑問副詞	間 間投詞	前 前置詞	接 接続詞
過去分 過去分詞	数 数詞		

Leçon 1

- leçon　　　　女 課
- enchanté(e)　　はじめまして
- bonjour　　　　こんにちは、おはよう
- monsieur　　　（男性に）〜さん
- et　　　　　　接 〜と
- mademoiselle　（未婚の女性に）〜さん
- oui　　　　　　副 はい
- moi　　　　　　人代 私
- C'est 〜 .　　こちらは〜です。
- une / un　　　不定冠 ひとつの、ひとりの
- ami(e)　　　　名 友達
- de 〜　　　　　前 〜の
- je　　　　　　人代 私は
- m'appelle ＜ s'appeler 代名動 〜という名前です

Leçon 2

- acheter　　　　動 買う
- les　　　　　　定冠 その（複数名詞につく）
- billet(s)　　　男 券
- vous　　　　　人代 あなた（たち）
- êtes ＜ être　動 〜である、いる
- étudiant(e)(s) 名 学生
- pourquoi　　　疑副 なぜ
- pour 〜　　　　前 〜するため
- Ah bon ?　　　あっ、そう？
- vendeuse / vendeur 名 店員、売り子
- bon　　　　　　間 よし、では
- alors　　　　　副 それなら
- deux　　　　　数 2
- adulte　　　　名 成人、大人
- vais ＜ aller　動 行く

Leçon 3

- nous　　　　　人代 私たち
- où　　　　　　疑副 どこに
- habitez ＜ habiter 動 住んでいる
- près de 〜　　〜のそばに
- ici　　　　　　副 ここ、ここに、ここで
- dans 〜　　　　前 〜の中に
- le　　　　　　定冠 その（男性単数名詞につく）
- même　　　　　形 同じ
- appartement　　男 アパルトマン
- ai ＜ avoir　動 持っている
- photo　　　　女 写真
- voilà　　　　それ（これ）が〜である
- Ah !　　　　　間 ああ！
- sympa　　　　形 感じのいい、楽しい
- depuis 〜　　　前 〜前から
- dix　　　　　　数 10
- an(s)　　　　男 年
- parlez ＜ parler 動 話す
- très　　　　　副 とても
- bien　　　　　副 上手に
- français　　　男 フランス語

Leçon 4

- [ ] déposer 動 預ける
- [ ] votre 所形 あなた（たち）の
- [ ] sac à dos 男 リュックサック
- [ ] un peu 少し
- [ ] trop 副 あまりにも
- [ ] gros 形 大きい、太い
- [ ] Il y a ~ ~がある
- [ ] des 不定冠 いくつかの（複数名詞につく）
- [ ] consigne(s) 女 手荷物一時預かり所
- [ ] automatique 形 自動の
- [ ] là-bas 副 あそこに、あそこで
- [ ] merci 男 ありがとう
- [ ] de la 部分冠 （単数女性名詞につく）
- [ ] monnaie 女 小銭、通貨
- [ ] ne(n') ~ pas ~ではない
- [ ] de 冠 （否定文で直接目的語につく冠詞）
- [ ] récupérons < récupérer 動 取り戻す
- [ ] pièce 女 硬貨
- [ ] après 副 後に、後で
- [ ] gratuit 形 無料の
- [ ] ça 指代 それ、これ、あれ

Leçon 5

- [ ] entrons < entrer 動 入る
- [ ] salle 女 会場、室
- [ ] art 男 芸術
- [ ] japonais(e)(s) 形 日本の
- [ ] d'abord まず
- [ ] peinture(s) 女 絵（画）
- [ ] d'accord 了解
- [ ] intéressant 形 興味深い、面白い
- [ ] apprend < apprendre 動 学ぶ
- [ ] fais < faire 動 する
- [ ] huile 女 油
- [ ] peinture à l'huile 油絵
- [ ] doué 形 天分・才能がある
- [ ] mais 接 でも、しかし
- [ ] aime < aimer 動 好きである
- [ ] regarder 動 見る
- [ ] œuvre(s) 女 作品

Leçon 6

- [ ] Qu'est-ce que (qu') 何（を）
- [ ] cet 指形 この、その、あの（男性単数名詞につく）
- [ ] arbre 男 木
- [ ] ce 指形 この、その、あの（男性単数名詞につく）
- [ ] tableau 男 絵
- [ ] cerisier 男 桜
- [ ] en fleur 花が咲いている
- [ ] que 副 なんと（感嘆文をつくる）
- [ ] beau 形 美しい
- [ ] comment 疑副 どんなふうに
- [ ] trouves < trouver 動 思う、見つける
- [ ] montagne(s) 女 山
- [ ] bleu(e)(s) 形 青い、青みがかった
- [ ] sous ~ 前 ~の下で
- [ ] lune 女 月
- [ ] magnifique 形 すばらしい、壮麗な
- [ ] quel 疑形 何
- [ ] titre 男 題名
- [ ] hiver 男 冬
- [ ] au à + le の縮約形
- [ ] village 男 村
- [ ] personne 女 人
- [ ] thé 男 茶
- [ ] cérémonie 女 儀式

Leçon 7

- [ ] prendre 動 とる
- [ ] prenez < prendre 動 とる
- [ ] malheureusement 副 残念ながら
- [ ] interdit 形 禁止されている
- [ ] peut < pouvoir 動 できる
- [ ] musée 男 美術館、博物館
- [ ] dommage 男 残念なこと
- [ ] carte(s) postale(s) 女 絵葉書
- [ ] boutique 女 店
- [ ] si 接 もし~ならば
- [ ] voulez < vouloir 動 望む、~したい
- [ ] lequel 疑代 どれ
- [ ] préfères < préférer 動 より好む
- [ ] celui-ci こちら（男性単数名詞をうける）

- ☐ l' ＜ le　　　　　補人代　それを（直接目的語で男性名詞単数）
- ☐ adore ＜ adorer　　動　大好きである

Leçon 8

- ☐ représente ＜ représenter　動　描く、示す、表す
- ☐ regarde ＜ regarder　動　見る
- ☐ tout à fait　　まったく、完全に
- ☐ vient ＜ venir　動　来る
- ☐ venir de(d') 〜　〜したばかりである
- ☐ arriver　動　到着する
- ☐ forme　女　形
- ☐ rectangulaire　形　長方形の
- ☐ légende　女　説明文
- ☐ anglais　男　英語
- ☐ comprends ＜ comprendre　動　わかる、理解する
- ☐ la　　補人代　それを（直接目的語で女性名詞単数）
- ☐ traduire　動　翻訳する
- ☐ désigne ＜ désigner　動　示す
- ☐ ou　接　あるいは
- ☐ calligraphie　女　書（道）
- ☐ sur 〜　前　〜の上に
- ☐ soie　女　絹
- ☐ papier　男　紙
- ☐ rouleau　男　巻いたもの
- ☐ destiné(e) ＜ destiner　動　à 〜に充てる（過去分詞→充てられた）
- ☐ accroché(e) ＜ accrocher　動　掛ける（過去分詞→掛けられる）
- ☐ mur　男　壁
- ☐ roule ＜ rouler　動　巻く
- ☐ ranger　動　片づける
- ☐ vraiment　副　本当に
- ☐ pratique　形　便利な
- ☐ surveillant(e)　名　監視人、監督者
- ☐ dit ＜ dire　動　言う
- ☐ quelque chose　何か

Leçon 9

- ☐ repos　男　休憩
- ☐ fatigué(s)　形　疲れている
- ☐ Si　副　いいえ（否定疑問に対して答えが肯定のとき）
- ☐ petit(e)　形　小さな
- ☐ nous reposer ＜ se reposer　代名動　休む
- ☐ bon(ne)　形　よい
- ☐ idée　女　考え
- ☐ assoyons-nous ＜ s'asseoir　代名動　座る
- ☐ certes　副　確かに
- ☐ grand　形　大きい
- ☐ collection　女　コレクション、収集品
- ☐ riche　形　豊かな
- ☐ surtout　副　特に
- ☐ celle　指代　それ（前出の女性単数名詞の代わり）
- ☐ artiste(s)　名　芸術家
- ☐ locaux ＜ local　形　地方の、その土地の
- ☐ superbe　形　素晴らしい、きわめて美しい
- ☐ porcelaine　女　磁器
- ☐ d'à côté　　となりの

Leçon 10

- ☐ un peu de 〜　少しの〜
- ☐ silence　男　沈黙
- ☐ s'il vous plaît　お願いします
- ☐ demandé ＜ demander　動　demander à 人 de 〜：人に〜するように求める
- ☐ moins　副　より少なく〜
- ☐ fort　副　大声で、強く
- ☐ doit ＜ devoir　動　〜しなければならない
- ☐ voix　女　声
- ☐ haut(e)　形　高い
- ☐ à voix haute　大声で
- ☐ Japon　男　日本
- ☐ vrai　形　本当の
- ☐ Il faut 〜 ＜ falloir　〜しなければならない、〜が必要である
- ☐ admirer　動　感嘆する、感心する
- ☐ déranger　動　迷惑をかける
- ☐ les autres　他人
- ☐ bas(se)　形　低い
- ☐ à voix basse　小声で
- ☐ Entendu　わかった

☐ déjà	副 もう、すでに		☐ coca	男 コーラ
☐ quatre	数 4		☐ sans	前 〜なしで
☐ heure(s)	女 時、時間		☐ toi	人代 君、おまえ（強勢形）
☐ ferme＜fermer	動 閉まる、閉める		☐ notre	所形 私たちの
☐ cinq	数 5		☐ visite	女 見学、見物
☐ on	不定代 ［一般に］人は、《口語》私たちは		☐ serait	＜être（条件法現在）
☐ continue＜continuer	動 続ける		☐ si	副 これほど
☐ encore	副 まだ		☐ venir	動 来る
☐ d'autres	他の		☐ y	副 そこに、そこで
☐ visiter	動 見学する		☐ étudier	動 勉強する、研究する
			☐ quoi	疑代 何（を）

Leçon 11

☐ sur	前 〜について		☐ D'abord	まず
☐ européen(ne)	形 ヨーロッパの		☐ apprendre	動 学ぶ
☐ dernière＜dernier	形 最後の		☐ français	男 フランス語
☐ etc. [ɛtsetera]	など		☐ culture	女 文化
☐ impressionniste(s)	名 印象派の人		☐ français(e)	形 フランスの
☐ impressionnisme	男 印象派		☐ m'intéresse＜s'intéresser 代名動 s'intéresser à 〜：（〜に）関心がある	
☐ le	中代 そのことを（節・不定詞などの代用）		☐ cinéma	男 映画
☐ savais＜savoir	動 知っている		☐ quand	接 ときに
☐ en	中代 そのことを（de 〜 に代わる）		☐ préviendras＜prévenir	動 前もって知らせる
☐ fier(s)	形 fier(s) de 〜：〜を誇りにしている、〜が自慢である		☐ manquerai＜manquer 動 manquer à 〜：（〜に）そむく、守らない	
☐ accessible	形 とっつきやすい、理解できる			
☐ beaucoup de 〜	たくさんの〜			
☐ connaissance(s)	女 知識			
☐ donc	接 それゆえ、したがって			
☐ populaire(s)	形 人気のある			
☐ couleur(s)	女 色、色彩			
☐ nuancé(e)(s)	形 含みのある、ニュアンスに富んだ			

Leçon 12

☐ Si on ＋直説法半過去	〜しませんか
☐ prenait＜prendre	動 飲む、食べる、とる
☐ presque	副 ほとんど
☐ tout	不定代 すべて
☐ vu＜voir	動 見る
☐ salon de thé	（ケーキを出す）喫茶店
☐ voudrais ＋不定詞＜vouloir	動 〜がほしい

動詞活用表

不定詞 現在分詞 過去分詞	直説法			条件法	接続法
	現　在	半過去	単純未来	現　在	現　在
1. **acheter** 買う achetant acheté	j'　achète tu　achètes il　achète n.　achetons v.　achetez ils　achètent	j'　achetais tu　achetais il　achetait n.　achetions v.　achetiez ils　achetaient	j'　achèterai tu　achèteras il　achètera n.　achèterons v.　achèterez ils　achèteront	j'　achèterais tu　achèterais il　achèterait n.　achèterions v.　achèteriez ils　achèteraient	j'　achète tu　achètes il　achète n.　achetions v.　achetiez ils　achètent
2. **aimer** 愛する aimant aimé	j'　aime tu　aimes il　aime n.　aimons v.　aimez ils　aiment	j'　aimais tu　aimais il　aimait n.　aimions v.　aimiez ils　aimaient	j'　aimerai tu　aimeras il　aimera n.　aimerons v.　aimerez ils　aimeront	j'　aimerais tu　aimerais il　aimerait n.　aimerions v.　aimeriez ils　aimeraient	j'　aime tu　aimes il　aime n.　aimions v.　aimiez ils　aiment
3. **aller** 行く allant allé	je　vais tu　vas il　va n.　allons v.　allez ils　vont	j'　allais tu　allais il　allait n.　allions v.　alliez ils　allaient	j'　irai tu　iras il　ira n.　irons v.　irez ils　iront	j'　irais tu　irais il　irait n.　irions v.　iriez ils　iraient	j'　aille tu　ailles il　aille n.　allions v.　alliez ils　aillent
4. **appeler** 呼ぶ appelant appelé	j'　appelle tu　appelles il　appelle n.　appelons v.　appelez ils　appellent	j'　appelais tu　appelais il　appelait n.　appelions v.　appeliez ils　appelaient	j'　appellerai tu　appelleras il　appellera n.　appellerons v.　appellerez ils　appelleront	j'　appellerais tu　appellerais il　appellerait n.　appellerions v.　appelleriez ils　appelleraient	j'　appelle tu　appelles il　appelle n.　appelions v.　appeliez ils　appellent
5. **asseoir** 座らせる asseyant / assoyant assis	j'　assieds tu　assieds il　assied n.　asseyons v.　asseyez ils　asseyent	j'　asseyais tu　asseyais il　asseyait n.　asseyions v.　asseyiez ils　asseyaient	j'　assiérai tu　assiéras il　assiéra n.　assiérons v.　assiérez ils　assiéront	j'　assiérais tu　assiérais il　assiérait n.　assiérions v.　assiériez ils　assiéraient	j'　asseye tu　asseyes il　asseye n.　asseyions v.　asseyiez ils　asseyent
	j'　assois tu　assois il　assoit n.　assoyons v.　assoyez ils　assoient	j'　assoyais tu　assoyais il　assoyait n.　assoyions v.　assoyiez ils　assoyaient	j'　assoirai tu　assoiras il　assoira n.　assoirons v.　assoirez ils　assoiront	j'　assoirais tu　assoirais il　assoirait n.　assoirions v.　assoiriez ils　assoiraient	j'　assoie tu　assoies il　assoie n.　assoyions v.　assoyiez ils　assoient
6. **avoir** 持っている ayant eu	j'　ai tu　as il　a n.　avons v.　avez ils　ont	j'　avais tu　avais il　avait n.　avions v.　aviez ils　avaient	j'　aurai tu　auras il　aura n.　aurons v.　aurez ils　auront	j'　aurais tu　aurais il　aurait n.　aurions v.　auriez ils　auraient	j'　aie tu　aies il　ait n.　ayons v.　ayez ils　aient
7. **battre** 打つ battant battu	je　bats tu　bats il　bat n.　battons v.　battez ils　battent	je　battais tu　battais il　battait n.　battions v.　battiez ils　battaient	je　battrai tu　battras il　battra n.　battrons v.　battrez ils　battront	je　battrais tu　battrais il　battrait n.　battrions v.　battriez ils　battraient	je　batte tu　battes il　batte n.　battions v.　battiez ils　battent
8. **boire** 飲む buvant bu	je　bois tu　bois il　boit n.　buvons v.　buvez ils　boivent	je　buvais tu　buvais il　buvait n.　buvions v.　buviez ils　buvaient	je　boirai tu　boiras il　boira n.　boirons v.　boirez ils　boiront	je　boirais tu　boirais il　boirait n.　boirions v.　boiriez ils　boiraient	je　boive tu　boives il　boive n.　buvions v.　buviez ils　boivent

不定詞　現在分詞　過去分詞	直説法			条件法	接続法
	現在	半過去	単純未来	現在	現在
9. **conduire** 運転する conduisant conduit	je conduis tu conduis il conduit n. conduisons v. conduisez ils conduisent	je conduisais tu conduisais il conduisait n. conduisions v. conduisiez ils conduisaient	je conduirai tu conduiras il conduira n. conduirons v. conduirez ils conduiront	je conduirais tu conduirais il conduirait n. conduirions v. conduiriez ils conduiraient	je conduise tu conduises il conduise n. conduisions v. conduisiez ils conduisent
10. **connaître** 知っている connaissant connu	je connais tu connais il connaît n. connaissons v. connaissez ils connaissent	je connaissais tu connaissais il connaissait n. connaissions v. connaissiez ils connaissaient	je connaîtrai tu connaîtras il connaîtra n. connaîtrons v. connaîtrez ils connaîtront	je connaîtrais tu connaîtrais il connaîtrait n. connaîtrions v. connaîtriez ils connaîtraient	je connaisse tu connaisses il connaisse n. connaissions v. connaissiez ils connaissent
11. **courir** 走る courant couru	je cours tu cours il court n. courons v. courez ils courent	je courais tu courais il courait n. courions v. couriez ils couraient	je courrai tu courras il courra n. courrons v. courrez ils courront	je courrais tu courrais il courrait n. courrions v. courriez ils courraient	je coure tu coures il coure n. courions v. couriez ils courent
12. **craindre** おそれる craignant craint	je crains tu crains il craint n. craignons v. craignez ils craignent	je craignais tu craignais il craignait n. craignions v. craigniez ils craignaient	je craindrai tu craindras il craindra n. craindrons v. craindrez ils craindront	je craindrais tu craindrais il craindrait n. craindrions v. craindriez ils craindraient	je craigne tu craignes il craigne n. craignions v. craigniez ils craignent
13. **croire** 信じる croyant cru	je crois tu crois il croit n. croyons v. croyez ils croient	je croyais tu croyais il croyait n. croyions v. croyiez ils croyaient	je croirai tu croiras il croira n. croirons v. croirez ils croiront	je croirais tu croirais il croirait n. croirions v. croiriez ils croiraient	je croie tu croies il croie n. croyions v. croyiez ils croient
14. **devoir** …しなければならない devant dû	je dois tu dois il doit n. devons v. devez ils doivent	je devais tu devais il devait n. devions v. deviez ils devaient	je devrai tu devras il devra n. devrons v. devrez ils devront	je devrais tu devrais il devrait n. devrions v. devriez ils devraient	je doive tu doives il doive n. devions v. deviez ils doivent
15. **dire** 言う disant dit	je dis tu dis il dit n. disons v. dites ils disent	je disais tu disais il disait n. disions v. disiez ils disaient	je dirai tu diras il dira n. dirons v. direz ils diront	je dirais tu dirais il dirait n. dirions v. diriez ils diraient	je dise tu dises il dise n. disions v. disiez ils disent
16. **écrire** 書く écrivant écrit	j' écris tu écris il écrit n. écrivons v. écrivez ils écrivent	j' écrivais tu écrivais il écrivait n. écrivions v. écriviez ils écrivaient	j' écrirai tu écriras il écrira n. écrirons v. écrirez ils écriront	j' écrirais tu écrirais il écrirait n. écririons v. écririez ils écriraient	j' écrive tu écrives il écrive n. écrivions v. écriviez ils écrivent
17. **employer** 使う, 雇う employant employé	j' emploie tu emploies il emploie n. employons v. employez ils emploient	j' employais tu employais il employait n. employions v. employiez ils employaient	j' emploierai tu emploieras il emploiera n. emploierons v. emploierez ils emploieront	j' emploierais tu emploierais il emploierait n. emploierions v. emploieriez ils emploieraient	j' emploie tu emploies il emploie n. employions v. employiez ils emploient

不定詞 現在分詞 過去分詞	直説法			条件法	接続法
	現在	半過去	単純未来	現在	現在
18. **envoyer** 送る envoyant envoyé	j' envoie tu envoies il envoie n. envoyons v. envoyez ils envoient	j' envoyais tu envoyais il envoyait n. envoyions v. envoyiez ils envoyaient	j' enverrai tu enverras il enverra n. enverrons v. enverrez ils enverront	j' enverrais tu enverrais il enverrait n. enverrions v. enverriez ils enverraient	j' envoie tu envoies il envoie n. envoyions v. envoyiez ils envoient
19. **être** …である étant été	je suis tu es il est n. sommes v. êtes ils sont	j' étais tu étais il était n. étions v. étiez ils étaient	je serai tu seras il sera n. serons v. serez ils seront	je serais tu serais il serait n. serions v. seriez ils seraient	je sois tu sois il soit n. soyons v. soyez ils soient
20. **faire** 作る faisant fait	je fais tu fais il fait n. faisons v. faites ils font	je faisais tu faisais il faisait n. faisions v. faisiez ils faisaient	je ferai tu feras il fera n. ferons v. ferez ils feront	je ferais tu ferais il ferait n. ferions v. feriez ils feraient	je fasse tu fasses il fasse n. fassions v. fassiez ils fassent
21. **falloir** 必要である - fallu	il faut	il fallait	il faudra	il faudrait	il faille
22. **finir** 終える finissant fini	je finis tu finis il finit n. finissons v. finissez ils finissent	je finissais tu finissais il finissait n. finissions v. finissiez ils finissaient	je finirai tu finiras il finira n. finirons v. finirez ils finiront	je finirais tu finirais il finirait n. finirions v. finiriez ils finiraient	je finisse tu finisses il finisse n. finissions v. finissiez ils finissent
23. **fuir** 逃げる fuyant fui	je fuis tu fuis il fuit n. fuyons v. fuyez ils fuient	je fuyais tu fuyais il fuyait n. fuyions v. fuyiez ils fuyaient	je fuirai tu fuiras il fuira n. fuirons v. fuirez ils fuiront	je fuirais tu fuirais il fuirait n. fuirions v. fuiriez ils fuiraient	je fuie tu fuies il fuie n. fuyions v. fuyiez ils fuient
24. **lire** 読む lisant lu	je lis tu lis il lit n. lisons v. lisez ils lisent	je lisais tu lisais il lisait n. lisions v. lisiez ils lisaient	je lirai tu liras il lira n. lirons v. lirez ils liront	je lirais tu lirais il lirait n. lirions v. liriez ils liraient	je lise tu lises il lise n. lisions v. lisiez ils lisent
25. **manger** 食べる mangeant mangé	je mange tu manges il mange n. mangeons v. mangez ils mangent	je mangeais tu mangeais il mangeait n. mangions v. mangiez ils mangeaient	je mangerai tu mangeras il mangera n. mangerons v. mangerez ils mangeront	je mangerais tu mangerais il mangerait n. mangerions v. mangeriez ils mangeraient	je mange tu manges il mange n. mangions v. mangiez ils mangent
26. **mettre** 置く mettant mis	je mets tu mets il met n. mettons v. mettez ils mettent	je mettais tu mettais il mettait n. mettions v. mettiez ils mettaient	je mettrai tu mettras il mettra n. mettrons v. mettrez ils mettront	je mettrais tu mettrais il mettrait n. mettrions v. mettriez ils mettraient	je mette tu mettes il mette n. mettions v. mettiez ils mettent

動詞活用表

不定詞 現在分詞 過去分詞	直 説 法			条 件 法	接 続 法
	現 在	半過去	単純未来	現 在	現 在
27. **mourir** 死ぬ mourant mort	je meurs tu meurs il meurt n. mourons v. mourez ils meurent	je mourais tu mourais il mourait n. mourions v. mouriez ils mouraient	je mourrai tu mourras il mourra n. mourrons v. mourrez ils mourront	je mourrais tu mourrais il mourrait n. mourrions v. mourriez ils mourraient	je meure tu meures il meure n. mourions v. mouriez ils meurent
28. **naître** 生まれる naissant né	je nais tu nais il naît n. naissons v. naissez ils naissent	je naissais tu naissais il naissait n. naissions v. naissiez ils naissaient	je naîtrai tu naîtras il naîtra n. naîtrons v. naîtrez ils naîtront	je naîtrais tu naîtrais il naîtrait n. naîtrions v. naîtriez ils naîtraient	je naisse tu naisses il naisse n. naissions v. naissiez ils naissent
29. **ouvrir** 開ける ouvrant ouvert	j' ouvre tu ouvres il ouvre n. ouvrons v. ouvrez ils ouvrent	j' ouvrais tu ouvrais il ouvrait n. ouvrions v. ouvriez ils ouvraient	j' ouvrirai tu ouvriras il ouvrira n. ouvrirons v. ouvrirez ils ouvriront	j' ouvrirais tu ouvrirais il ouvrirait n. ouvririons v. ouvririez ils ouvriraient	j' ouvre tu ouvres il ouvre n. ouvrions v. ouvriez ils ouvrent
30. **partir** 出発する partant parti	je pars tu pars il part n. partons v. partez ils partent	je partais tu partais il partait n. partions v. partiez ils partaient	je partirai tu partiras il partira n. partirons v. partirez ils partiront	je partirais tu partirais il partirait n. partirions v. partiriez ils partiraient	je parte tu partes il parte n. partions v. partiez ils partent
31. **payer** 払う payant payé	je paie tu paies il paie n. payons v. payez ils paient	je payais tu payais il payait n. payions v. payiez ils payaient	je paierai tu paieras il paiera n. paierons v. paierez ils paieront	je paierais tu paierais il paierait n. paierions v. paieriez ils paieraient	je paie tu paies il paie n. payions v. payiez ils paient
32. **placer** 置く plaçant placé	je place tu places il place n. plaçons v. placez ils placent	je plaçais tu plaçais il plaçait n. placions v. placiez ils plaçaient	je placerai tu placeras il placera n. placerons v. placerez ils placeront	je placerais tu placerais il placerait n. placerions v. placeriez ils placeraient	je place tu places il place n. placions v. placiez ils placent
33. **plaire** 気に入る plaisant plu	je plais tu plais il plaît n. plaisons v. plaisez ils plaisent	je plaisais tu plaisais il plaisait n. plaisions v. plaisiez ils plaisaient	je plairai tu plairas il plaira n. plairons v. plairez ils plairont	je plairais tu plairais il plairait n. plairions v. plairiez ils plairaient	je plaise tu plaises il plaise n. plaisions v. plaisiez ils plaisent
34. **pleuvoir** 雨が降る pleuvant plu	il pleut	il pleuvait	il pleuvra	il pleuvrait	il pleuve
35. **pouvoir** …できる pouvant pu	je peux tu peux il peut n. pouvons v. pouvez ils peuvent	je pouvais tu pouvais il pouvait n. pouvions v. pouviez ils pouvaient	je pourrai tu pourras il pourra n. pourrons v. pourrez ils pourront	je pourrais tu pourrais il pourrait n. pourrions v. pourriez ils pourraient	je puisse tu puisses il puisse n. puissions v. puissiez ils puissent

不定詞 現在分詞 過去分詞	直 説 法			条件法	接続法
	現 在	半過去	単純未来	現 在	現 在
36. **préférer** より好む préférant préféré	je préfère tu préfères il préfère n. préférons v. préférez ils préfèrent	je préférais tu préférais il préférait n. préférions v. préfériez ils préféraient	je préférerai tu préféreras il préférera n. préférerons v. préférerez ils préféreront	je préférerais tu préférerais il préférerait n. préférerions v. préféreriez ils préféreraient	je préfère tu préfères il préfère n. préférions v. préfériez ils préfèrent
37. **prendre** 手に取る prenant pris	je prends tu prends il prend n. prenons v. prenez ils prennent	je prenais tu prenais ils prenait n. prenions v. preniez ils prenaient	je prendrai tu prendras il prendra n. prendrons v. prendrez ils prendront	je prendrais tu prendrais il prendrait n. prendrions v. prendriez ils prendraient	je prenne tu prennes il prenne n. prenions v. preniez ils prennent
38. **recevoir** 受け取る recevant reçu	je reçois tu reçois il reçoit n. recevons v. recevez ils reçoivent	je recevais tu recevais il recevait n. recevions v. receviez ils recevaient	je recevrai tu recevras il recevra n. recevrons v. recevrez ils recevront	je recevrais tu recevrais il recevrait n. recevrions v. recevriez ils recevraient	je reçoive tu reçoives il reçoive n. recevions v. receviez ils reçoivent
39. **rendre** 返す rendant rendu	je rends tu rends il rend n. rendons v. rendez ils rendent	je rendais tu rendais il rendait n. rendions v. rendiez ils rendaient	je rendrai tu rendras il rendra n. rendrons v. rendrez ils rendront	je rendrais tu rendrais il rendrait n. rendrions v. rendriez ils rendraient	je rende tu rendes ils rende n. rendions v. rendiez ils rendent
40. **résoudre** 解く résolvant résolu	je résous tu résous il résout n. résolvons v. résolvez ils résolvent	je résolvais tu résolvais il résolvait n. résolvions v. résolviez ils résolvaient	je résoudrai tu résoudras il résoudra n. résoudrons v. résoudrez ils résoudront	je résoudrais tu résoudrais il résoudrait n. résoudrions v. résoudriez ils résoudraient	je résolve tu résolves il résolve n. résolvions v. résolviez ils résolvent
41. **rire** 笑う riant ri	je ris tu ris il rit n. rions v. riez ils rient	je riais tu riais il riait n. riions v. riiez ils riaient	je rirai tu riras il rira n. rirons v. rirez ils riront	je rirais tu rirais il rirait n. ririons v. ririez ils riraient	je rie tu ries il rie n. riions v. riiez ils rient
42. **savoir** 知っている sachant su	je sais tu sais il sait n. savons v. savez ils savent	je savais tu savais il savait n. savions v. saviez ils savaient	je saurai tu sauras il saura n. saurons v. saurez ils sauront	je saurais tu saurais il saurait n. saurions v. sauriez ils sauraient	je sache tu saches il sache n. sachions v. sachiez ils sachent
43. **suffire** 足りる suffisant suffi	je suffis tu suffis il suffit n. suffisons v. suffisez ils suffisent	je suffisais tu suffisais il suffisait n. suffisions v. suffisiez ils suffisaient	je suffirai tu suffiras il suffira n. suffirons v. suffirez ils suffiront	je suffirais tu suffirais il suffirait n. suffirions v. suffiriez ils suffiraient	je suffise tu suffises il suffise n. suffisions v. suffisiez ils suffisent
44. **suivre** ついて行く suivant suivi	je suis tu suis il suit n. suivons v. suivez ils suivent	je suivais tu suivais il suivait n. suivions v. suiviez ils suivaient	je suivrai tu suivras il suivra n. suivrons v. suivrez ils suivront	je suivrais tu suivrais il suivrait n. suivrions v. suivriez ils suivraient	je suive tu suives il suive n. suivions v. suiviez ils suivent

不定詞 現在分詞 過去分詞	直説法			条件法	接続法
	現在	半過去	単純未来	現在	現在
45. **vaincre** 打ち破る vainquant vaincu	je vaincs tu vaincs il vainc n. vainquons v. vainquez ils vainquent	je vainquais tu vainquais il vainquait n. vainquions v. vainquiez ils vainquaient	je vaincrai tu vaincras il vaincra n. vaincrons v. vaincrez ils vaincront	je vaincrais tu vaincrais il vaincrait n. vaincrions v. vaincriez ils vaincraient	je vainque tu vainques il vainque n. vainquions v. vainquiez ils vainquent
46. **valoir** 価値がある valant valu	je vaux tu vaux il vaut n. valons v. valez ils valent	je valais tu valais il valait n. valions v. valiez ils valaient	je vaudrai tu vaudras il vaudra n. vaudrons v. vaudrez ils vaudront	je vaudrais tu vaudrais il vaudrait n. vaudrions v. vaudriez ils vaudraient	je vaille tu vailles il vaille n. valions v. valiez ils vaillent
47. **venir** 来る venant venu	je viens tu viens il vient n. venons v. venez ils viennent	je venais tu venais il venait n. venions v. veniez ils venaient	je viendrai tu viendras il viendra n. viendrons v. viendrez ils viendront	je viendrais tu viendrais il viendrait n. viendrions v. viendriez ils viendraient	je vienne tu viennes il vienne n. venions v. veniez ils viennent
48. **vivre** 生きる vivant vécu	je vis tu vis il vit n. vivons v. vivez ils vivent	je vivais tu vivais il vivait n. vivions v. viviez ils vivaient	je vivrai tu vivras il vivra n. vivrons v. vivrez ils vivront	je vivrais tu vivrais il vivrait n. vivrions v. vivriez ils vivraient	je vive tu vives il vive n. vivions v. viviez ils vivent
49. **voir** 見る voyant vu	je vois tu vois il voit n. voyons v. voyez ils voient	je voyais tu voyais il voyait n. voyions v. voyiez ils voyaient	je verrai tu verras il verra n. verrons v. verrez ils verront	je verrais tu verrais il verrait n. verrions v. verriez ils verraient	je voie tu voies il voie n. voyions v. voyiez ils voient
50. **vouloir** 欲しい voulant voulu	je veux tu veux il veut n. voulons v. voulez ils veulent	je voulais tu voulais il voulait n. voulions v. vouliez ils voulaient	je voudrai tu voudras il voudra n. voudrons v. voudrez ils voudront	je voudrais tu voudrais il voudrait n. voudrions v. voudriez ils voudraient	je veuille tu veuilles il veuille n. voulions v. vouliez ils veuillent

著　者

田村弘行（たむら　ひろゆき）
流通科学大学

田村奈保子（たむら　なほこ）
福島大学

フランス語で《ようこそ》

2015 年 2 月 10 日　第 1 版発行

著　者──田村弘行
　　　　　田村奈保子

発行者──前田俊秀

発行所──株式会社　三修社
　　　　　〒 150-0001　東京都渋谷区神宮前 2-2-22
　　　　　TEL 03-3405-4511
　　　　　FAX 03-3405-4522
　　　　　振替 00190-9-72758
　　　　　http://www.sanshusha.co.jp/
　　　　　編集担当　菊池　暁

印刷所──日経印刷株式会社

© 2015 Printed in Japan　ISBN978-4-384-22051-3 C1085

DTP ── Studio A
表紙デザイン ── やぶはなあきお
表紙写真 ── Rafael Elias / gettyimages
本文イラスト ── 佐藤睦美
写真提供 ── 福島県立美術館

®〈日本複製権センター委託出版物〉
本書を無断で複写複製（コピー）することは、著作権法上での例外を除き、禁じられています。本書をコピーされる場合は、事前に日本複製権センター（JRRC）の許諾を受けてください。
JRRC〈http://www.jrrc.or.jp　e-mail: info@jrrc.or.jp　TEL: 03-3401-2382〉

教科書準拠 CD 発売
本書の準拠 CD をご希望の方は弊社までお問い合わせください。

三修社の本

CD付
フランス語　動詞活用ドリル

井上大輔 著
A5判　並製　184頁　本体 1,800円＋税
ISBN978-4-384-05693-8 C1085

重要な頻出動詞の活用を徹底的にトレーニングし、中級へと橋渡しする参考書。
最頻出の動詞 90 について、直説法現在、命令形、半過去形、接続法などさまざまな変化を練習。

CD付
フランス語スピーキング

アレクサンドル・グラ　フランク・デルバール　一丸禎子 著
A5判　並製　200頁　本体 2,200円＋税
ISBN978-4-384-05540-5 C1085

リスニングとシャドーイングで「話す」力を身につける。旅行を想定し、場面に応じた生きたフランス語会話で構成。イラストを見ながらフレーズを繰り返すことで、確実に会話力を向上させる。

手紙・メールのフランス語

クリスティアン・ケスレー　山下利枝 著
A5判　並製　240頁　本体 2,000円＋税
ISBN978-4-384-05592-4 C1085

プライベートからビジネスまで、すぐに使える文例が 900 超！　メールだけでなく、手紙・グリーティングカード、携帯メールにも対応。フランス語での手紙・メールの書き方の基本や、コミュニケーションのコツも紹介。

CD 2枚付
ちょこっとわがままフランス語

越智三起子　安積みづの　ロール・ドゥ・クレピー 著
四六判　並製　208頁　2色刷　本体 2,000円＋税
ISBN978-4-384-05702-7 C1085

フランス語の語彙や文法を定着させつつ、旅行で使える「ちょこっとわがまま」フレーズを身につけられる。小さなわがままが会話が弾むきっかけとなり、より深い異文化理解へと結びつく。

これさえあれば通じるフランス語

ボダン・エマニュエル 著
A6変型判　上製　864頁　2色刷　本体 2,800円＋税
ISBN978-4-384-04445-4 C0585

場面別に厳選された１万以上の例文を収録。はじめてのフランス旅行者からビジネスパーソンまで必携の一冊。

三修社　www.sanshusha.co.jp